阜阳师范学院学术著作出版专项经费资助

文化新论

杨　光◎著

合肥工业大学出版社

图书在版编目(CIP)数据

文化新论/杨光著．—合肥：合肥工业大学出版社，2017.2
ISBN 978-7-5650-3266-0

Ⅰ.①文… Ⅱ.①杨… Ⅲ.①文化研究—中国—文集 Ⅳ.①G12-53

中国版本图书馆 CIP 数据核字(2017)第 025031 号

文化新论

杨　光　著　　责任编辑　疏利民　　特约编辑　孙南洋

出　版	合肥工业大学出版社	版　次	2017 年 2 月第 1 版
地　址	合肥市屯溪路 193 号	印　次	2017 年 2 月第 1 次印刷
邮　编	230009	开　本	710 毫米×1000 毫米　1/16
电　话	总　编　室：0551-62903038	印　张	11.25
	市场营销部：0551-62903198	字　数	134 千字
网　址	www.hfutpress.com.cn	印　刷	合肥现代印务有限公司
E-mail	hfutpress@163.com	发　行	全国新华书店

ISBN 978-7-5650-3266-0　　定价：36.00 元

前言

文化是人类创造的一切物质和非物质产品，它不是自然形成的，是人类智慧和行为的结晶。火的使用，生产工具和生活用品的制作，思维、语言、文字、行为方式等是人类文化的最初产物。而后，从祭祀到舞蹈，从歌谣到文学，从巫术到医疗，从岩画到美术，从陶器到雕塑，从图腾到宗教，从占卜到哲学，从农耕到酿造，从哺幼养老到伦理道德，从血婚到专偶，从群居部落到宗法制度，人类的文化产品越来越丰富。当然，这经历了漫长的过程，人类文化产品的丰富又反过来推动了人类文明的进程。

我国古代哲学家把文化解释为以文对民施之以教化，标准是礼、义、仁、智、信、温、良、恭、俭、让，道德修养意味比较浓厚。文化多指文治，而文治是和武功相对应的一个概念。毛泽东《沁园春·雪》

里“惜秦皇汉武，略输文采。唐宗宋祖，稍逊风骚”讲的也就是这个意思。在汉语里，文化中的“文”义项很多，比如文字、文章、文学、文采、文气、文脉、文理、文质等，但都和文化有关，偏重于精神。

西方学者最早在谈论文化的概念时，认为文化是一种对人的培养过程，这和我国古代关于文化是教化的说法不谋而合。后来西方的学者才逐渐把文化视为精神上、物质上和知识上整体的一种生活方式，和东方的看法也大体相当。由于文化有广义和狭义之分，对于文化也就可以从不同角度去理解它，加上西方的学术自由，各抒己见，所以现代西方学界对文化的解释也是多种多样，但是最终却逐渐趋于认同。尽管东西方文化有很大差异，但对文化的理解却是基本一致的，大家都承认文化具备的几个要素：人类创造的，物质或精神的，可以传承的，通过学习能够掌握的，可以加工改造并使之发展的。正因为如此，东西方文化才有交流的基础。

文化是可以传承的，靠着这种传承，我们获得了先辈们创造的生产技能和生活手段，遵从老祖宗传下来的人伦道德规范，享受着祖上教给我们的生活方式。文化是可以通过学习得到的，靠着这种学习，我们才能从一个赤条条的自然人成长成为一个社会人，完成个人社会化的转化，融入人类社会大家庭里。文化是可以传播的，靠着这种传播，才有了不同民族、不同国度、不同社会制度的人们之间的沟通交流、相互影响和相互借鉴吸收，使人类能够共享前人创造的文化成果。文化是可以发展的，靠着这种发展，我们才能使文化内容更加多样，视界更加宽广，才能有层出不穷的现代科技成果，人们的生活也更加丰富多彩，绚丽多姿。

文化是可以分解的，文化是一个大系统，任何文化系统都包含着若干文化要素，最小的称文化元素，若干文化元素构成文化单元，若干文化单元构成文化集成。比如中式服装就是一个文化集成，它大致可分为中式男装和旗袍两个主要的文化单元。中式男装包括以下元素：立领、对襟、盘扣或圆扣、前后两片、明贴口袋。构成旗袍的元素有：立领、斜襟、盘扣、沿边、前后两片、左右开气、收腰、窄袖或无袖。缺少了这些元素，那就失去了中式服装的特点。这些元素之间的合理搭配和组合，就是服装设计师制作和创新的依据。从习近平主席近年来在外交场合穿的新国服上，我们可以看出，习主席的这些着装，不但富有时代感和创新精神，也鲜明地保留着中式服饰文化的特征。在文化元素中，往往有一种是起主导作用和处于引领地位的要素，而其他要素则处于从属地位。各个要素之间有很多相通、相融或近似的部分，也有很多矛盾、对立或排斥的部分，各个要素之间既具有相对独立性，又兼容并存，相比较而存在，相对立而发展，呈现互相吸收、濡化和继承的关系，和而不同。文化基因是一种观念或意识形态，是一种民族记忆，是一种文化心理。它根深蒂固地存在于人们的思想行为里，以及一举手、一投足、一闪念之间，内化于心，外化于形。中国人的文化基因可以概括为两个字，那就是"和"与"仁"。

从文化的空间关系看，文化是由各个区域文化组成的，区域文化是由文化的自然属性和社会属性所决定的。比如世界文化大致可以分为东方文化和西方文化两个大文化圈，东方文化包括中华文化、印度文化和伊斯兰文化等亚文化圈。中华文化又可以分为燕京文化、关东文化、齐鲁文化、三晋文化、三秦文化、中原文化、河洛文化、吴越文化、海派文化、荆楚文化、巴蜀文化、闽台文化、岭南文化、新疆文化、蒙古文化、西藏文化、茶马文化、客家文化、湘文化、徽文化等。而徽文化又可分为淮河文化、皖江文化、徽州文化等。区域文化具有各自不同的特点，但又和所归属的文化保持血脉关系。

文化的内容包罗万象，衣、食、住、行皆有文化，所以文化是最贴近群众、最接地气、最切合实际的一个学科。它不像哲学、政治等其他学科，可以先大胆假设，再小心求证。研究文化必须采用实证的方法，因为文化都是切切实实存在的东西。文化离不开生活，比如吃饭有饮食文化，穿衣有服饰文化，居住有建筑文化，出门有旅游文化，娱乐有收藏文化……在饮食文化里，又有茶文化、酒文化、中餐文化、西餐文化、快餐文化，等等。

人们从生产和生活中悟出了很多哲理，并由智者加以总结、丰富和发展，于是便有了像儒家文化、道家文化、法家文化、兵家文化这样多的思想文化。人们试图从精神世界里获得超然和解脱，于是便有了像佛教文化、道教文化、基督教文化、天主教文化、伊斯兰教文化、犹太教文化、印度教文化这样的宗教文化。人们在生活中总结了一整套生活方式和生活规范，于是便有了民俗文化。人们对未来的理想和追求，则形成了不同时代的信仰文化。

文化具有统一性，即每个国家的不同历史时期都有一个占统治地位的文化，它可以为不同阶层和不同族群的人们所接受。我们常常把对人们思想起引领作用的文化称为主流文化，而把活跃在民间的文化称为亚文化。于是便有了庙堂文化和江湖文化、高雅文化和通俗文化、精英文化和草根文化、正统文化和山寨文化的区别。所谓大众文化即大众创造并为大众服务、由大众享有的文化，比如通俗歌曲就是大众文化的一种形式。它可以分为三种类型：一是群众自娱自乐创作的；二是音乐工作者为群众创作的；三是虽然并非来源于大众，但反映了大众的喜怒哀乐。在某些特定的年代，平民文化作为亚文化，常常与主流文化、精英文化格格不入，甚至带有一定的叛逆性，草根文化虽然不像庙堂文化那样占据统治地位，但它是庙堂文化的合理补充，大凡庙堂文化的影响所不及之处，草根文化就愈显示其生命力，这就是某些通俗文化常常受到排斥却反而能够生生不息的原因。另外我们还注意到，大众文化可以是下层人民创造的，也可以由精英创造，许多大众文化的创造者都属于知识分子阶层，甚至是学者。另外，精英文化也可以通过大众文化向群众传播。

这些文化以各自不同的呈现方式丰富着文化，具有一定的内容和形式，使文化丰富多彩，美不胜收。当然，由于亚文化具有一定的负面效应，也产生了一些不健康的、消极的甚至是反动的文化样式，比如暴力文化、黑道文化、色情文化、邪教文化等，对于这些文化，人们是坚决反对的。

文化是可以传播的，源于印度的佛教传入中国后，经过长期传播发展，形成了具有中国民族特色的中国佛教。受不同因素的影响，中国佛教形成了三大体系，即汉地佛教（汉语系）、藏传佛教（藏语系）和云南地区上部座佛教（巴利语系）。当然这种传播不是简单的重复和移植，而是根据本土化的需要加以改造和加工。文化的可传播性，从另一个角度说明了文化的内张力是十分巨大的。文化的可传播性，造成了各种不同文化间的交流、借鉴和融通，使全人类都能共享先辈创造的文化成果。

文化具有变异性，我国古代的人才选拔制度就经过了多次的变异，从尧舜禹时期的推举制，不断发展演化为夏商周的世袭制、春秋战国的军功爵制、西汉的察举制、东汉的中正制，直到隋唐时期，才有科举制，并且固定下来。科举制刚出现时其实是不坏的制度，使平凡人家的子弟也有进入国家中枢管理机构的可能，所以西方学界一直认为，文官制度源于中国的科举制度。但是到了清代，科举制逐渐走向它的反面，固化为八股取士的僵化制度而最终被废止，但是其合理的因素即用考试的方法选拔人才，至今还在使用。文化的变异性体现了文化的自我调适功能，因为文化必须适应所存在的社会环境和自然环境，否则，文化就不能生存和发展。所以，文化不仅是人类创造的物质财富和精神财富的总和，也应该是一个不断发展的过程，文化一旦步入制度化、模式化，就失去了生命力。

文化有消亡，也有创新和发展，文化的流变现象是十分明显的，文化总是处在动态发展的过程中。工业革命以后，随着蒸汽机、内燃机、电力、无线电、网络等近现代科技成果的推出，文化的新样式便层出不穷。世界各国要求民主、平等、自由、独立的运动此起彼伏；印象主义、超现实主义、达达主义、意识流等文学艺术创作样式不断涌现；摇滚等表演形式，逐渐成为通俗音乐的主流。第二次世界大战后，由于电影、电视、录像、电脑、手机、信息高速公路的出现，人类文化生活的新形式更是以几何级数的速度涌现。

文化是一个活体，文化也有新陈代谢，一些不合时宜的文化现象虽然曾在历史上存在很多年，但终将退出历史舞台。比如古代中国妇女的裹足文化、古代韩国妇女的露乳文化都已经消亡。文化的消亡是一个自然现象，消亡的文化不一定就没有价值，有价值的文化就应该加以保护，甚至是抢救，使其延续生命，加以传承。很多古代文化遗产如古民居、古建筑，历经风雨和岁月的侵蚀，已经破败，那就应该千方百计地加以修复。很多传统技艺，比如古琴制作、云锦纺织、唐卡绘画等，使之继续为今天的人们服务。有的文化虽然消亡了，但并未从人们的记忆中抹去，而成为文化的积淀，转化为人类文明的一部分。

文化是民族之魂，立国之本。民族的兴旺，国家的强盛，必须以文化的繁荣为先导。亡国灭族，一定要从毁灭文化开始。日本侵略者在日据时代和伪“满洲国”时期，第一要务就是企图泯灭中华文化，强制推行日语、日文和日本的生活方式，强迫供奉日本的神祇，妄图以此割断中华文化的血脉，实现其奴化教育的目的。当然这种企图是徒劳的，殖民统治一旦崩溃，殖民者苦心经营的所谓“皇民化”便立即烟消云散，化为乌有，中华文化立即恢复如初。即便在殖民统治的黑暗年代里，中华文化也一直在民间保存，表现出顽强的生命力。

人类创造的文化经过长期的实践的研磨、历史的冲刷，最终保留下来，固化为文明。所以说文明是文化的积淀，是文化的成果。文明是文化的记忆，文化是文明的延续。文明是死去的文化，文化是活着的文明。文明着眼于历史，文化重在现实。文明引导人们回头看，文化引导人们向前看。从本质上看，文化与文明并无区别，但是有差异。文明不能一概而论，不能笼统地说文明就是文化的过去时，文化是文明的现在时。因为只有健康的文化、进步的文化、先进的文化才能纳入人类文明的宝库，而那些病态的文化、落后的文化、反动的文化是经不起历史洗涤的，只能被人们所唾弃，与文明毫无关系。

必须加以强调的是，并非所有的优秀文化都能够得以传承下来，相反，很多文化却因为各种不同的原因，当然首先是人为的因素，比如没有受到应有的重视而失传了，这是十分令人痛心的事情。所以，保护乃至抢救人类物质和非物质文化遗产，绝对不是一个耸人听闻的口号，而是应该切切实实去做的事情。人们可以看到，越是文明程度高的地方，人们保护文化遗产的意识也越强，工作做得也越好。经济发达不等于文化繁荣，如果只知道发展经济而不重视文化的普及、提高，那只能被视为经济怪物。只要人们的文化素质提高了，经济发展才有后劲。而提高文化素质，当然要依靠文化的传承。

我们伟大的中华优秀传统文化，灿烂辉煌，博大精深，源远流长，美不胜收，在世界文化宝库中堪称典范。中华乃泱泱大国，历史悠久，地大物博。中华各民族儿女，勤劳勇敢，富有智慧和创造力。中华文化结晶，灿若星汉，典籍史册，汗牛充栋。儒家文化，为东方文化之巅峰。老庄哲学，百代不衰。佛教在中国落地生根后，不断发展。甲骨、篆、钟鼎、石鼓、隶、草、行、楷，为中华特有的书法文化。诗经、乐府、唐诗、宋词、元曲、明清小说等文学作品，为中华文化的辉煌篇章。

56个民族，在保持本民族文化特色的同时，相互兼容并蓄，共同创造了绚丽多姿的中华文化。在漫长的历史长河中，逐渐形成了以和为核心的道德规范，包括仁、孝、悌、忠、信、礼、义、廉、耻等丰富的思想内涵。尊老爱幼、扶贫济困、急难助残的行为准则和诗书家风、忠厚传家、耕读为先、勤俭持家的祖训，构成了中华文化的优良传统。而以春节、元宵、端午、中秋、重阳为主的节庆礼仪文化和礼尚往来、婚丧嫁娶等人际关系的民俗文化更是深入人心。

我国的民间通俗文化内容十分丰富，有着很多优美动人的神话传说，如女娲补天、精卫填海、牛郎织女、夸父追日、八仙过海、愚公移山、哪吒闹海、目连救母、唐僧取经、七仙女下凡等，这些神话传说充分表达了我国人民追求美好理想和幸福生活的情怀。

我国的饮食文化包括茶文化、酒文化、筷子文化等，素以讲究养生和色、香、味、形俱全著称于世，京、苏、鲁、浙、徽、楚、湘、川、闽、粤十大菜系更是名扬海内外。除此之外，各地的风味小吃，独具特色，每个小吃的后面都有一个动人的故事。

我国的建筑文化，具有浓郁的民族特色，从琉璃瓦顶、雕梁画栋、金碧辉煌、宏伟壮观的皇家宫殿，到飞檐翘角、木格窗棂、典雅恬静的亭台楼阁；从青砖黛瓦、马头墙壁的江南民居，到胡同、水井、四合院的北方民居；从草原辽阔、树木繁茂的皇家园囿到竹木掩映、山水静秀的私家园林，异彩纷呈，美不胜收。

我国的地方戏曲文化，是人类戏剧艺术的奇葩，生、旦、净、丑，唱、做、念、打，脸谱、服饰、唱腔、伴奏，无不令人惊艳。京、昆、评、越、豫、川、楚、扬、淮、粤、琼、潮、婺、沪、滇、陇、吕、汉、黄梅、傩戏、秦腔、梆子、柳琴、高腔、花鼓、花灯、越调、柳琴、泗州、藏戏、新疆曲子等地方戏曲达一百多种，每个剧种都有自己的流派和剧目，可谓洋洋大观。地方戏剧艺术是我国其他表演形式的基础，并且给近代形成的中国民族歌剧、舞剧以极大影响。我国民间还流传很多名目繁多的说唱表演艺术，总称曲艺，如相声、二人转、口技、独角戏、清口、大鼓、评弹、评话、弹词、渔鼓、单弦、道情、鼓词、坠子、快板、快书、数来宝、莲花落、双簧、小品，以及杂技、皮影、花儿、秧歌、花鼓灯等。还有在节庆假日即兴表演、自娱自乐的表演形式，俗称“百戏”，可见内容之丰富，如舞龙、舞狮、旱船、高跷、腰鼓、花鼓、太平鼓、肘阁、花挑、连枷、花棍、打铁花等。民间体育健身项目也是不胜枚举，如太极、武术、五禽戏、赛龙舟、拔河、摔跤、骑射、跳绳、毽子、抖空竹等。特别是武术，被称为“国术”，门派林立，套路繁多，十八般兵器，内家功外家功，刚柔相济，轻功绝技，奇奥莫测。武术在国外还有一个响亮的名字——功夫，风靡五洲四海，影响广泛而深远。

我国的民族音乐优美绝伦，民族乐器历史十分悠久，在汉代的漆画、石刻和敦煌壁画里，就有描绘演奏各种民族乐器的画面。民族乐器主要包括弦乐，如二胡、马头琴、坠子、京胡、高胡、板胡、艾捷克等；弹拨乐，如琵琶、月琴、阮、柳琴、三弦、冬不拉、热瓦普、都塔尔等；吹奏乐，如笛、箫、笙、芦笙、葫芦丝等；打击乐，如扬琴、鼓、铙、钹、响板等。我国的民族乐曲丰富多彩，大致分为北方曲目、江南丝竹、广东音乐、南音等。著名的曲目有百鸟朝凤、二泉映月、平湖秋月、春江花月夜、喜洋洋、柳摇金、步步高、彩云追月等，皆悦耳动听，具有浓郁的东方典雅情调。

我国的少数民族，个个能歌善舞，而且把歌舞习俗沿袭到日常生活中去，流传下来的民族舞蹈，多彩多姿；百代不衰的民歌，内容丰富，曲调悠扬。新疆的《十二木卡姆》、西藏的《格萨尔王》，都是气势磅礴、篇幅恢宏的民歌巨制。侗族的大歌，自然形成原生态多声部组合，蒙古族的呼麦，发声独特，别有一番情趣。

我国的工艺美术精湛绝伦，集中了技艺大师的智慧和高超的工艺水平，陶瓷、铸造、丝绸、制革、印染、织造、缂丝、刺绣、漆器、玉雕、石雕、木雕、竹雕、骨雕、印刷、酿造、园林、盆景、驯养、镶嵌、钿螺、景泰蓝、泥塑、面人、绢人、刻铜、篆刻、风筝、剪纸、唐卡、木版年画、内画瓶、酥油花等，无不显示出精美的技艺。

我国的绘画艺术由于其独特的创作手法而被称为国画，国画是以毛笔为工具，用植物及矿物质制作的颜料和中国特有的黑墨，在宣纸上用勾勒、皴染等手法进行的绘画。国画追求神似，讲究神韵，创作时一气呵成，大体分工笔和写意两种，题材可分为山水、人物、花鸟。在漫长的历史中，国画形成了多种艺术流派，很多传世作品堪称经典。而与国画密切相关的还有金石治印艺术和中国专有的“文房四宝”，包括以湖笔、徽墨、宣纸、端砚为代表的笔、墨、纸、砚，其制作方法及工艺流程皆复杂精细，无法仿制。国画追求“诗、书、画”的协调统一，使三者熔为一炉，这成为一幅佳作中不可缺少的元素，最终形成了画作、落款、题诗、钤印、装裱的全息样式，一直保留至今。

中医、中药文化极其古老而深奥，是人类医药文化的瑰宝。中医药以阴阳五行、相生相克为哲学思想，主张辨证施治，把人作为大自然的一部分，所谓天人合一，从整体上寻找病因，以独特的望、闻、问、切为医疗手段。用药讲究君臣配伍，以天然的草木本植物、动物及矿物入药，并有寒、热、温、补、毒等药性之分，其专有的汤头歌诀，乃历代名医经验之结晶，并有《本草纲目》《伤寒论》等医药巨著。在用药的同时，辅以针灸、推拿等理疗手段。中医的经络理论具有极高的医疗价值，其中奥秘至今难以破解。

中华文化对世界科技事业的贡献是尽人皆知的，如印刷、造纸、火药、指南针、珠算、圆周率、勾股定理、天文、气象、历法等，在大型水利、土木建筑工程方面有举世闻名的万里长城的修筑和大运河的开凿，秦始皇兵马俑和埃及金字塔一样堪称世界奇迹。中华文化灿烂辉煌，值得国人引以为骄傲和自豪，同时也值得每一个炎黄子孙认真学习、传承，并使之发扬光大。

到目前为止，我国列入联合国教科文组织人类非物质文化遗产名录的已达 38 项，项目总数位居世界第一，其中包括：昆曲、鼓琴艺术、新疆维吾尔族木卡姆艺术、蒙古族长调民歌、中国传统蚕桑丝织技艺、福建南音、南京云锦织造技艺、安徽宣纸传统制作技艺、贵州侗族大歌、广东粤剧、《格萨尔》史诗、浙江龙泉青瓷传统烧制技艺、青海热贡艺术、藏戏、新疆《玛纳斯》、甘肃花儿、西安古乐、中国朝鲜族农乐舞、中国书法、中国篆刻、中国剪纸、中国传统木结构营造技艺、端午节、妈祖信仰、中国雕版印刷技艺、蒙古族呼麦、京剧、中医针灸、中国皮影、中国珠算等。根据联合国教科文组织的解释，非物质文化遗产应涵盖以下内容：口头传说和表述；表演艺术；社会风俗、礼仪、节庆；有关自然界和宇宙的知识和实践；传统的手工艺技能。非物质文化遗产概念中的非物质性的含义，是与满足人们物质生活基本需求的物质生产相对而言的，是指以满足人们的精神生活需求为目的的精神生产这层含义上的非物质性。所谓非物质性，并不是与物质绝缘，而是指其偏重于以非物质形态存在的精神领域的创作活动及其结晶。

我国非常重视对非物质文化遗产的保护工作，国务院批准文化部确定的第一批国家级非物质文化遗产名录共达 518 项，并公布了 2000 多名国家级非物质文化遗产项目代表性传承人。分布于民间文学、传统音乐、传统舞蹈、传统戏剧、曲艺、传统体育、传统美术、传统技艺、传统医药及民俗等领域，并设立了十多个国家级文化生态保护实验区，对具有重要价值和鲜明特色的文化形态进行整体性保护，各地也遴选出一批省、市、县级的非物质文化遗产项目传承人。我国在 2012 年开始实施《中国非物质文化遗产法》，相关专项法规、实施细则、地方保护条例也相继出台，这标志着我国对非物质文化遗产的保护进入了规范化、法制化阶段。

由于祖上的遗训、长辈的教诲、生活习俗的养成和环境的熏陶，历史文化因素的积淀，传统文化已经深深地铭刻在人们的心中，溶化在人们的血液里，深入人们的骨子里，形成了人们的文化心理。文化心理由认知、感知和觉悟三个层面构成：认知包括人们的情感、意志、风俗、习惯、道德风尚和审美情趣等，反映了人们对生活态度的意向、时尚和趣味，它受人们生活的时代和社会经济生活的走向影响。感知指人们在政治、经济、道德、哲学、艺术、宗教等方面的观念和态度，它是在认知的基础上形成的，反映了人们对文化的理性思考。而觉悟是人们文化心理的核心部分，包括人们对人生的基本态度、情感方式、思维模式、求知途径和价值观念。文化心理的三个层面是一个有机的统一体，不同时代、不同民族，具有不同的文化心理，而制约文化心理的首要因素是民族性，其次是历史性，再次为时代性。研究人的文化心理，对于加强社会主义精神文明建设，提倡健康向上的生活方式，具有指导意义。

为适应人们文化心理的不同需求，满足人们精神生活的需要，人们就运用交换的方式，和使用其他一切物质和非物质产品一样，使用文化产品，这就是文化商品。人类社会从有商品的交换活动开始，也同时就有了文化商品的交换，特别是在资本主义商品经济条件下，一切事物都已经商品化，商品经济居于主导地位，文化产品也毫无例外地呈现商品化，成为文化商品，也就是人们文化消费的对象。在当今时代，比如报纸杂志、图书、美术作品、电影、戏剧、录像、电子游戏、视频、网络、广场舞、歌厅、舞厅、咖啡厅、酒吧、网吧、茶座、摄影、摄像、桌球、滑轮、溜冰、舞蹈培训、器乐培训等娱乐方式，都是人们新的文化消费方式。从另一方面讲，文化消费也是一种生产方式，文化产品的生产者通过文化商品展现自己的艺术价值、社会价值和经济价值。文化消费和物质消费一样，是社会再生产的一项重要内容，由于它能够满足人们在文化心理方面的特殊需求，所以也是人类社会生存和发展必不可少的因素之一，是社会生产过程全面发展的重要条件。从消费者的角度看，文化消费是一种审美的过程，是消费者的审美倾向与文化产品展现的美的因素相统一的过程，因而也是一个消费者再创造的过程，消费者根据自己的审美需求、文化素质和审美标准对文化产品做出自己的评价。由于消费者的水平不同，对文化产品的理解也就不同，这就形成了新的文化产品，而不再是原有的文化产品了。

经营文化商品的场所统称文化市场，要消除文化市场良莠不齐的现象，对文化市场加以净化，引导人民群众健康、高尚、有益的文化消费。组建文化经济联合体，也就是所谓的文化搭台，经济唱戏。发展企业文化，是新形势下文化建设发展态势。对文化发展应该确立长期、稳定、系统、全局性的总体规划，制定文化发展战略，包括文化发展的战略目标、战略方针、战略规划、战略措施和相应的文化政策，使文化发展与改革开放的形势相适应，与经济发展战略相配套。文化发展战略是一个系统工程，它的核心是人们文化素质的提高、文化观念的更新、文化队伍的建设、文化政策的完善、文化设施的管理布局和文化事业的发展。

文化涉及的内容纷繁复杂，研究文化应该成为一门科学。但是，到目前为止，“文化学”这一学科在人们的印象中还不是那么清晰。学界普遍的做法是把文化作为社会学的一部分，列入社会学的范畴。社会学是19世纪由法国人孔德创立的，社会学产生于法国不是偶然的，这是由当时法国要求自由、平等、民主的社会基础和异军突起的人文主义思潮所决定的。孔德创立社会学的目的是试图以实证主义的方法研究社会，这就使社会学一开始就带有浓郁的联系实际和实用主义的色彩，使社会学的发展有了一个良好的开端。20世纪20年代，英国和美国的学者在社会学的基础上加以拓展，开始了对文化人类学和社会人类学的研究，并由此派生了由德国人提出的文化社会学，试图以社会学的视界考察文化和文化现象。但是，文化学始终没有脱离社会学的范畴，成为一门单独学科，仍然是社会学的一个分支，文化社会学为文化学的确立发挥了十分重要的奠基作用。我国古代也有一门与社会学类似的学说，叫“群学”，但没有形成体系。日本明治维新后，有的学者把社会学引进了日本，而在日本留学的章太炎又把日本学者的社会学介绍到国内，于是我国近代社会学的研究由此而始。

在近现代思想史上，社会学在西方经常受到打压，当权者总是把社会学看成是“左倾”思想的产物，一提到社会学就想到社会主义，在臭名昭著的美国麦卡锡主义时代，社会学更是受到歧视，一直在艰难地生存。五四运动以后，我国研究社会学的人士大都思想先进，倾向革命，比如著名学者费孝通、著名教育家陶行知，都在社会学的研究方面有过建树。而中国共产党的领导人更是在社会学的研究中书写了光辉篇章，比如毛泽东的《中国社会各阶级的分析》等著作，堪称社会学的典范之作。可惜的是，20 世纪 50 年代，本来在大学里开设就不多的社会学，因一纸行政命令而被砍除。直到改革开放后，社会学才在一些高校中得以恢复。而对于文化的研究，也伴随着社会学的兴旺和发展迎来了一个灿烂的春天，出现了大量有价值的研究成果。目前，已经开始了把文化作为一个独立学科进行研究的努力，使文化学的学科建设愈加明晰，日趋成熟。学界已经开始尝试构建“文化学”和“中国文化学”的工作，并且取得了一定的成果。文化学开始从像雾像雨又像风的朦胧状态，逐渐显示出其身姿，文化学已经开始固化为单独学科，对文化学的研究可以说正处于一个黄金时代。

文化学研究的领域十分广阔，值得发力的选项很多。如果我们从系统论的角度看，把文化视为一个大系统，这个系统内部就有了很多错综复杂的关系，如：文化的结构关系、文化的空间关系、文化的从属关系、文化的对应关系、文化的多元关系。再以文化的多元关系为例，包括多元文化间的排斥和冲突、多元文化间的共存和兼容、多元文化间的交流和融合等，这些问题都值得加以探讨。

本书遵照中共中央《关于加快构建现代公共文化服务体系的意见》中有关“坚持以社会主义核心价值观为引领，深入研究新时期人民群众文化需求特点，发展先进文化，创新传统文化，扶持通俗文化，引导流行文化，改造落后文化，抵制有害文化，为实现中华民族伟大复兴的中国梦，提供强大的精神动力和文化支撑”的精神，展示了民族文化、地域文化、民俗文化、生态文化、比较文化以及其他专题文化研究的成果，力图以新的视角和新的思维方式进行创新研究，以体现文化自信。一得之见，希冀得到专家学者的批评指正。

杨　光

2016 年 4 月于颍州

目 录

中华民族文化的多元共存与兼容[①]

文化是人类制造的物质或非物质的产品，后人通过学习的方式予以传承。文化是可以传播的，不能传播的不能称之为文化。文化受一定的生产方式和政治经济、社会环境及自然环境的影响，由于这些因素的千差万别，也就促成了文化的多元化。文化的多元化是文化的本质属性，文化具有很强的张力，不同文化之间在相互对立、相互抵触、相互冲突的同时，还在相互影响、相互交流、相互吸纳甚至相互融合。所以，文化的多元与兼容是普遍存在的社会现象。

英国人类学家马林诺夫斯基指出：“文化是指那一群传统的器物、

① 本文系中共安徽省委统战部2013年度理论政策研究重点课题“处理民族问题需要把握的原则和方法”的子课题。

货品、技术、思想、习惯及价值而言的。这概念包容及调节着一切社会科学。我们亦将见，社会组织除非视作文化的一部分，实是无法理解的。”他还具体地把文化分为物质和精神两部分，物质是指“已改造了的环境”，精神是指“已变更的人类有机体”。马林诺夫斯基虽然仅仅是描述了文化的现象，但对我们理解文化的本质还是有着指导性的意义的。

我们之所以在众说纷纭的对文化的解说中独列马氏的界说，是因为他的观点有一个很值得注意的地方，就是他鲜明地指出了文化的社会功能，尤其是在社会组织内所发挥的作用。我们在探讨处理民族问题需要把握的原则和方法这一命题的时候，完全可以从文化的层面去寻找答案，也许这是处理民族问题应具备的基本的思想观念和价值观念。

一

中华文化博大精深，源远流长。中华文化是中华民族大家庭共同构成的具有多民族特点的多元文化，正因为有各民族的共同努力，才创造了灿烂辉煌的华夏文明，并且使中华民族文化多姿多彩，丰富而厚重。虽然由于不同民族间的文化差异，出现过文化对立、碰撞乃至冲突，但那只是历史长河中的一瞬。中华民族文化发展的大趋势，是各民族文化间的长期的共生共荣，相互兼容。由于互相之间不断发生的传播、濡化、采借，最终形成了以汉文化为主流的、多民族文化共同呈现的中华文化。同时，各民族文化也在中华文化的范畴里，继续保持和发展本民族文化的特点，形成多元共生、和而不同、和谐统一的局面。

中华文化不是单一的汉文化，而是多民族文化传统的结晶，是多民族文化反映出的多种文化单元的错杂、集合、混融、衍生、交汇的集合体。除了传统的儒家、道教外，释、伊斯兰、基督、天主等各种宗教及其流派都能在中国广泛传播，显示了中华文化的包容性。这种包容性所具有的宽密度，使得不同的宗教、习俗、生产及生活方式之间相互影响，相互重叠，相互学习，其结果必然使中华文化更显得异彩纷呈，出现了文化荟萃的现象。异质文化之间的交流，是文化宽容的结果，各民族文化之间相比较而存在，相接受而发展。在这个多民族的大家庭里，大家都共生在中华文化母体这个根上，所以才能枝繁叶茂，各自显示出无限的生命力。

中华文化的最大特征是多元和一体的统一，多元体现文化内涵的丰富性，由此而产生不同民族的文化；一体则体现各民族文化共处的和谐与协调，各种文化间保持着的相对的平衡。少数民族文化并没有因为隐性交融而失去自己的文化特征和文化身份，由于民族意识的顽强存在，所产生的民族性根深蒂固，民族传统、心理都起着非常重要的支撑作用。而大一统的主流文化对各民族的亚文化并没有出现文化强势，而是在长期的濡化中发挥主流文化的优势。既留给民族传统文化以发展空间，又维系着中华各民族共有文化的发展与繁荣，这种共生共荣的现象将继续存在，并成为中华文化走向新时代的强大动力。一方面，中华民族文化就像这样在运动中不断进步；另一方面，又在这样的运动过程中保持着自己的文化特征。学者曾仕强在《中华文化的特质》一书中这样断言："中华民族是天底下唯一的一个，一方面一直在变，一方面永远没有变的民族。中华文化源远流长，从遥远的古代，传承至现在，仍然充满了活力，而且是一以贯之的。"这一论述是完全正确的。

文化是与一定的生产生活方式、社会政治经济条件和自然环境密切相关的，少数民族大部分生活在祖国的边疆地区，环境相对艰苦，经济也比较落后，这就造就了少数民族文化对自然环境的依存，且表现出极强的适应能力和生存能力。一方面，相对封闭的生活环境，更加有利于少数民族传统文化的特征和个性得以保持和传承；另一方面，由于少数民族和中原文化之间割舍不断的亲情关系，少数民族文化又不断地从中原文化中进行吸纳和采借。这就形成了各民族文化之间共生、共存、共荣的局面，并且强烈地显示出各民族文化间的共同特征，从而最终形成了中华文化的传统。

文化作为民族精神的载体，可以记载在典籍中，也可以存在于民风民俗之间，而后者相对深刻，构成了厚重的文化底蕴，形成了强烈的民族精神的特质。这反映了民族文化的固有性和稳定性的特点。但是，正如卞敏在《中华民族精神研究》一书中指出的那样，“民族精神不仅有其历史性，也有其时代性。民族精神不仅在每一个民族、每一个社会中都有其不同的表现形式，而且在同一个民族、同一个社会的不同时代也有不尽相同的内容”。所以，民族文化也具有可变的一面，它可以随着时代的发展而扬弃，也可以随着社会环境的变化而与之相适应。文化的这一特点，决定了各民族文化之间是可以伴随着时代的发展而相互影响、相互吸纳、相互嫁接、相互转移的。

不同民族、不同地域、不同宗教的文化完全可以相互融汇、相互渗透、相互统一而又各具特色。英国社会学家雷蒙德·佛思苔指出：“文化变迁也可以由外来的力量所引起的，这外来的力量可以是出自本土内部，也可以是由于邻近文明社会的影响。不同的民族互相接触，不论是在和平的或战争的状态中，他们的习俗可以相互不受多大影响。但是更多的情况下是相互发生影响的。”

中华民族文化的和谐统一的特点也引起了国际友人的兴趣，法国前总理拉法兰曾多次访问中国，是非典时期访问中国的第一位西方领导人，他在出访中国后与夫人合著了《中国的启示》一书。在书中，他以西方政治家的角度思考了中国文化，对中国文化的精髓“和谐”“统一”的思想做出了高度评价和深入阐释。他指出：“和谐，正是中国思想的巨大魅力之一。在今天看来，这一价值观是对现代中国思想的一个巨大贡献。‘和谐’在今天的表述包括平衡、公正、统一性或公平等词汇。”他还指出：“中国人的统一性似乎是不可摧毁的，因为它已经在中国五千年的文化里生根，并且有力地奔向未来。从来都不应当低估中国人民的爱国主义精神。”拉法兰的论述，代表了理解和同情中国人民的民族精神和意志的西方有识之士的睿智。

二

在不同民族起源的传说中，虽然内容各有不同，异彩纷呈，却都显示了人与宇宙天地万物的相互依存、相近相亲、和谐共生的思想观念。在不同民族的民间故事和传说里，都反映了对大自然的挚爱和崇拜，追求人与自然的同源共生关系。既反映出人对自然的敬畏感，也反映了人与自然和睦相处，力图建立人与自然和谐共存的理念，这是十分可贵的。

中华各民族文化之间的采借现象是普遍存在的，如春节是汉族人民的习俗，但是西南诸少数民族中就有不少民族也过春节。尽管过春节的内容不尽相同，但是春节的意义是一致的，其实即使是汉族，南北各地过春节的方式也不是完全一致的。历法是民族文化中重要的内容，干支纪年是汉族人民首先使用的，但是很多少数民族也采用了这种纪年方式，比如藏族也采用十二属相轮流交替的纪年方法，当然其中的属相和汉族有相同之处，也有不同的地方。这都是中华民族文化和而不同这一特征的不同呈现方式。

在不同民族居住地，都有先民们在岩石上刻画的岩画。这些岩画虽然分属不同民族，相距遥远，但内容及手法都大致相仿，不外乎人、鸟、兽。这些岩画或写实，或夸张变形，大都反映远古时人们狩猎、祭祀的场景，反映了当时人们对人丁兴旺、生活安定的期盼，这也是各民族人民共同的追求。虽然经过历史长河，由这些岩画派生出了不同的信仰和文字，但这一现象说明了各民族不同的文化在一开始就具有共性。

从历史上看，著名的丝绸之路不仅促进了欧亚文化的大交流，增进了东西文化的相互了解和交流，而且促成了汉族和祖国西部诸少数民族之间的文化大融合和大繁荣。唐代的长安作为丝绸之路的起点，也是东方文化的中心，这里不仅汇聚了远至大食、罗马的商人和使者，也吸引了西北诸兄弟民族的人们。中国的丝绸之路不仅给西方带去东方的文明，也使汉族与少数民族的文化得以整合。当时的胡服给长安的宫廷服饰带来很大影响，造成皇家女子和贵妇流行穿着开放式的袒胸露背的流行服饰。而胡姬是高级茶楼酒肆中必备的歌女，她们热情、奔放、开朗的性格使包括大诗人李白在内的文人雅士和达官贵人为之倾倒，成为诗文中讴歌的对象。长安也成了世界各大宗教和平共处的典范，除了原有的儒教、佛教、道教，还有外来的伊斯兰教、景教、祆教、摩尼教、犹太教等。当时的中央政府对这些宗教大多持开放态度，这些宗教都在长安建立自己的寺院或宗教场所，各种教派的传教士或神职人员在这里也很活跃。由于很多民族共同信奉某种或几种宗教，也使各民族的文化得以交流、沟通和共存。在长安、洛阳等地定居的波斯人、罗马人和在福州定居的东南亚各地如菲律宾、马来西亚等侨居者，在那里都留下了后裔，最后也成了中华民族大家庭的成员。据说位于甘肃省金昌市永昌县的骊靬古城至今还生活着为数不多的古罗马人的后代，他们是在唐代因被匈奴人俘虏而辗转来到中国的，虽然他们还保留着古罗马人的血统，但生活方式已经完全中原化了。

在汉、藏两个民族间的文化交流史上，出现过吐蕃赞普松赞干布迎娶大唐王朝文成公主的动人佳话，至今还为后人津津乐道。吐蕃与唐朝的通婚，说明两个民族的和谐相处。文成公主远嫁时，带去中原地区文化的精粹，如丝绸、茶叶、金银器等工艺品；当时先进的农业、手工业生产技术；中医、中药以及其他文化艺术门类，这些都对西藏文化的发展起到了重要的推动作用。今天，汉族人民仍然一如既往坚持对藏族兄弟展开多种形式的支援。除了高额的援藏资金外，还建机场、修公路、通火车，使西藏的交通运输实现了现代化。更在工农业生产、通信医疗等方面予以援助，并在发展民族教育、保护寺庙古迹方面做出了巨大努力。除了援藏干部和驻藏部队外，国家针对西藏各地方构建的对口支援更是发挥了巨大作用，使西藏地区的基础建设达到了新的水平，如今西藏的经济社会发展已经逐步进入了现代化。

新疆生产建设兵团帮助新疆各族人民发展经济，为建设繁荣的新疆做出了巨大的贡献，成为中华民族文化间互相交流、共同发展的典型范例。屯兵戍边不自今日始，从汉代开始，为了抵御外辱，建设边疆，中国的历代王朝都曾派军队驻守边疆，并对人烟稀少的广漠进行开垦。既减轻了中央政府的军费负担，又为边疆开垦了大量的荒地。以中原地区先进的生产方式、生产技术和生产工具为示范，提高了边疆各民族人民的生产力，并把先进的汉族文化带给了边疆的各少数民族。长期以来，戍边的军队尊重少数民族的传统，和当地百姓和睦相处，生活方式和习惯也在相互影响，在长期的共存共荣中，不但共同保卫和建设了祖国的边疆，也使中华民族的边疆文化得到了丰富和发展。

服饰文化作为民族文化的重要内容，反映了各民族文化的一些基本特征，而旗袍是中华民族服饰文化大融合的象征。旗袍原来是旗人即满族女子的装束，是由立领、一旁开襟、前后两片、窄袖、两边开气等元素构成的文化集成。由于这种服饰极能表现东方女子较西方女子更为苗条和体态轻盈的特点，特别是十分符合中国女性特有的温柔、典雅、内敛的性格特征，所以在民国以后，受到广大妇女的钟爱，因而大行其道。这是一个很有趣的现象，清朝灭亡了，而统治者的服饰却受到人们的珍爱，特别是上海的服装专家对旗袍加以改良后，吸收了西方服饰在制作工艺上的方法，并且在样式上加以修整，使其符合中国女性的体态，女性穿上改良的旗袍后，更加楚楚动人、风情万种。于是风行一时，流行至今，成了中国女性在对外交流中必备的礼服，甚至被称为国服，为女性广泛接受。

其实，吸收外来元素对服饰进行改革，可以上溯到春秋战国时期。赵武灵王为了利于征战，对中原长袍大袖的烦冗服饰进行了大胆的改革，招致了固守传统文化的保守派的反对，但赵武灵王坚持改革，仿效胡人服饰，使装饰更加简洁、方便，提高了骑兵的战斗力，这就是历史上著名的“胡服骑射”。可见中华民族文化上的交流，是文化史上常见的现象。而孙中山先生将西方的学生装引进中国，并加以改制，去掉多余的纽扣和衣袋，在剪裁上更适合中国男性的体形，于是演变为著名的“中山装”，在孙中山先生的倡导下一时引领为男装的潮流。后来的毛泽东又对这种服装加以调整，并身体力行，率先穿着，使这种被外国人称为“毛氏服装”的服饰让 8 亿中国人穿上了近 30 年，这都是中华民族善于吸收外来文化，兼收并蓄的有力证明。

北京颐和园、承德避暑山庄作为清代皇家林苑，也是中华民族宫廷和园林建筑文化的集大成者。这两处建筑既保留了北方民族坚固、厚重、御寒的建筑特点，又吸收了江南园林小巧、清秀、雅致的建筑风格。既有藏传佛教的寺庙、佛塔，又有蒙古族佛教的经幢、佛龛等。集北方建筑的粗犷和南方建筑的秀美为一体，可谓南北合璧，相得益彰。清朝统治者这样做，固然借以表示在清朝统治下，各民族和睦相处，天下太平，但也反映出中华大家庭的各民族的文化相互兼容、共存共荣的史实。园林建筑文化是民族文化的重要组成部分，它包括建筑的材料、工具、设计、建筑工艺、建筑理念等文化元素，集中体现了中华各民族创造的文明在建筑方面为人类文明所作出的贡献。

中华民族文化的兼容性表现在饮食文化上最为典型的是所谓的“满汉全席”。自从清军入关后，建都北京，遂将满族饮食习俗带入京城，和当时已经汇集了全国各大菜系，如鲁菜、苏菜、川菜、粤菜、闽菜、徽菜等的优点的京帮菜在宫廷内相组合。集中了当时国内各地最具地方特色的食料，高明的厨师又吸收了各地菜系的烹制方法，包括炒、炸、烧、蒸、熘、氽、煸、煲、炝、焗、烤、卤、炖，等等，再加上雕花等冷盘制作；主张色、香、味一应俱全；突出强身健体的功效；并冠以文化气息浓郁、多有典故出处、充满文雅喜庆的菜名；加上讲究的器皿、对上菜顺序和摆放位置的严格要求；菜肴洋洋洒洒，竟达百余种，形成了著名的宫廷菜肴——满汉全席。可谓富丽堂皇，皇家范儿，成为集中中华饮食文化之大成者，令人叹为观止。民国以后又从京师各大菜馆酒楼流入民间，这也是中华民族文化兼容并存的一大成果。

中华武术是中华民族在冷兵器时代不断总结积累的格斗方式，后来逐渐演化为强身健体的运动方式，成为竞技体育项目之一，在全世界有着广泛影响。中华武术在形成和发展过程中也吸收了各民族传统的技击方法，加以嫁接和糅合，才逐步形成了现在相对稳定的套路和技法。与此同时，中华武术又对各民族自己特有的徒手和器械运动予以很大影响，促进了各少数民族专有武术项目的发展。所以，中华武术被称为民族运动项目，集中了中华各民族武术文化的精粹，是中华各民族智慧的结晶，为中华民族所共有。

三

民族文化观是一定的世界观、价值观、文化观的反映，表现了对文化本质、构成和功能的理解，“一定的文化是一定的社会的政治和经济在观念形态上的反映”。民族文化观念的核心是对文化的多样性的认同与否，因为不承认文化的多样性，就会形成种族中心主义。这种种族中心主义往往以本民族的价值观判断别的民族，认为本民族是优等民族，鄙视和仇视别的民族，发展到极端就会产生民族沙文主义。承认民族文化的共同性，应该持文化相对论的观点，认为文化的共同性是存在于特殊性和多样性之中的，是客观存在的，虽然有具体形式上的差别，但具有基本的共性。由于文化具有共性，各民族文化之间才可能相互交流、相互传播，而只有与其他民族的先进文化进行采借和融通，才能促进本民族文化的发展和繁荣。

不可否认，在文化的大一统、文化的融合和交流的同时，不同民族的文化还顽强地保留着本民族文化的固有的特征和品格，保留着本民族鲜明的印记，如语言、文字、服饰、生活方式等。但是这种固守不是在封闭状态下进行的，一方面代代厮守，一方面必然会发生和其他民族之间的濡化和渗透。传统文化固有其魅力，但文化的多元现象和并存现象又不能使这种文化积淀回到历史的原点，文化现实必定不像原住文化那样纯粹。当然，文化的这种适应性发展方式也是民族文化能得以传承下去的动力之一。

在不同民族间，尽管也发生过异族的入侵和掠夺，出现过抗争和起义，有过流血和牺牲，但是，在这种民族关系的异化和突变中，各民族却仍然显现了希望民族友好的心愿和情怀，并且重新形成了民族和睦的最终局面。这是千百年来，中华民族大家庭的成员能够和睦相处、共生共荣的根本原因之一。正如有的学者指出的那样：“所以，我们就发展出一种文化，两个字，叫作和合。和合同音，一个是和平的和，一个是合作的合，只要有了和合的文化，我们就会同甘共苦，共渡难关，没有对立，更不会非要弄个你死我活。所以，在我们的血液里面，有和平的修养。中华民族是世界上最爱和平的民族，这一点大概全世界都会认同。”

充分发挥民族文化的多元性，利用民族文化资源，发展民族地方经济，提高少数民族人民的生活水平，是解决民族问题最好的方法。各民族文化都富有浓郁的地方特色和人文特色，是中华民族文化的瑰宝，应该加以开发、挖掘、整理，为发展各民族地方经济服务。应该对民族文化资源加以整合，突出民族文化特点。文化的差异性越来越成为一种文化资源，所以必须保留和强化那些能够表示文化差异的符号。发展旅游事业，向海内外推出富有民族特色和地方特色的旅游项目。加强旅游项目的配套建设，兴建富有民族风情的酒店等公共设施，完善交通等基础设施建设，培养与国际接轨的一流水平的旅游管理及服务人员。兴建民俗村、民俗风情村、具有民族风情的度假村，进行介绍民族历史传统和风俗习惯的表演。推介民族饮食文化和其他民俗特色的风味小吃，组织各民族自己的各种节日、喜庆、纪念、文艺、娱乐及宗教祭祀等活动。发展少数民族特有的手工艺品、民族服饰，举办民族歌舞、民族体育等项目的展演和比赛。整理和发掘少数民族医药文化，生产少数民族传统药品制剂，恢复重建民族建筑，让中华文化的多样性在建设社会主义精神文明和物质文明中发挥作用。

地域文化同样反映了中华文化的多元性。由文化元素组成文化集成，由文化集成组成文化圈，由文化圈组成小的区域文化，最终组合为中华文化。中华文化其实就是多元地方文化的汇合，中华文化将各地方文化融为一体，既包含了各地区文化的元素，又使其相互渗透，它既具多元性，又具开放性，而且在文化的兼容上还具有一定的弹性，这也是中华文化之所以博大精深、魅力无穷的原因之所在。

在汉族文化中，以中原文化为代表的儒家文化，成为中华文化的核心。经过漫长的历史演进，少数民族尤其以西南诸民族为代表，也都先后接受了儒家文化，各地尤其是边疆地区以兴儒学、立孔庙、建书院、办私塾等方式，“广教化，变土俗，使之同于中国”，使儒家的思想观念逐渐为少数民族所接受，“礼乐教化”与中原地区日渐相同，最终形成中华民族大一统的文化集成。

很多文化原型的生成，可能来自不同的地域和民族，有不同的文化环境和不同的文化形态。比如关于太阳神、美人鱼的传说，不同民族文化有不同的演绎和不同的版本，但是基本的原型大体是一致的。文化原型在流传的过程中，其形态、结构、表现形式在不同民族间可能会出现很多变异，但构成核心的基本素材却没有多大变化。一方面是文化传播造成的超过地域性的原因，另一方面也证明了各民族文化的相通性和一致性的特点。

外来宗教文化在各民族文化中的濡化和本土化，反映了文化传播在民族文化融合中的作用。佛教传入中国后，不但为汉民族所接受，也同样被很多少数民族所接受。“其中净土宗也是与中国民俗结合很紧的一个教派，净土宗世俗化成分比较多，它无须懂得多少高深的佛学，只要不断口称阿弥陀佛，便能进入西方‘净土’的希望，因此，对于目不识丁的普通百姓来说，是一种最便捷的修行方法，所以很容易为一般人所接受。”并且加入了各民族自己已有的宗教信仰和文化传统、文化习俗的成分，从而使之更加本土化、民间化、世俗化和自然化，同时也为各民族所共有。文化共存与兼容必须经过文化放弃、文化调整、文化适应、文化变异之后，才能实现文化的交融。在研究中华民族文化共同宗教信仰的时候，我们不能不注意到这个事实：“在华人的文化圈里，民间信仰和祭祀的功用主义色彩都是很浓厚的，祈福避厄是最主要的目的，丰收生育、招财祛病都要拜神。”“人们面对着无穷的陌生环境中的未知生活风险，民间信仰起到了化解心理恐慑、坚定生活信念、凝聚族群认同的作用。”基于这个原因，中华民族的宗教信仰就带有很大的共性，这就是宗教信仰的同质性，也是中华民族大一统文化的思想依据。

我国近代著名学者王治心先生也注意到这个现象，他在论述伊斯兰教在中国传播的原因时称：“就是对于儒家思想的容纳与尊崇。他们与中国宗教不同的地方，只有不供佛像，不拜祖先；对于中国人所尊的天，并不反对；以为天就是阿拉神，所以很能与儒家尊天思想相调和。尤其特别是尊敬孔圣人，谈儒书应科举，以孔子的伦理道德为最高道德。”“在他们发挥的学理中，尤以宋儒的思想为根据，讨论理气二元的宇宙论，完全与宋代理学家的口气相合，与朱熹的意见尤多相同。”

中华民族文化之所以具有包容性，是因为中华民族主流文化的核心是儒家思想，儒家思想推崇一个“仁”字，主张人人皆应有仁爱之心，要宽厚待人，“克己复礼”“己所不欲，勿施于人”。孔子主张“四海之内皆兄弟”。孟子认为只有做到“老吾老以及人之老，幼吾幼以及人之幼”，才能实现世界大同。这种思想使中华民族文化不具备排他性，并且为中华各民族文化间的相容相通打下了牢固的基础。中华民族文化的多元性，也是建立在儒家思想的基础之上的。儒家主张“和而不同”，认为只有人与人、人与自然、人与社会和谐相处，才是生活的最高境界，这就为异质文化的共生共荣创造了有利条件。我国的另一位思想家庄子对后世的影响也很深，他主张“混沌”，所谓“混沌”，就是共生共存，你中有我我中有你。“混沌”就是分不清，也不需要分清。这些思想理念，都为文化的多元性、相通性、同质性提供了哲学基础。

宗教作为精神产品，是文化的重要组成部分，我国众多宗教并存的现象，从另外一个方面证明了中华民族文化的多元共存与兼容。王治心先生在《中国宗教思想大纲》一书中，分析了中华民族在宗教思想上的五个特点：“（一）中华民族在宗教思想上没有入主出奴的成见，信仰有绝对的自由，所以没有宗教上信仰的争端，外来的任何宗教，莫不宏量的容纳。（二）中华民族不很注重宗教上的限制，纯凭各个人的自由信仰；所以一个人可以同时信仰几种不同的宗教，没有教权集中的流弊。（三）中华民族政教分离得很早，古代政治虽不免含有神权的色彩，但政由天启的思想，在周代已经打破了。（四）中华民族的宗教信仰，不受崇拜仪式所约束，祭礼的规定，虽不免有徒重形式的流弊，但是儒家设礼，多含着政治和伦理的作用，与祈祷礼拜等宗教仪式不同。（五）中华民族对天的信仰，虽有若干不同的见解，但是大多数人的心理，莫不承认天为至高无上的精神主宰，为一切伦理道德的根源。”我们且不论王治心先生的论述对宗教的见解是否妥帖，但从文化的角度看，王先生的看法确有独到之处。中华民族对宗教信仰的态度十分宽容，不像西方某些民族对异教徒常常采取非常极端的方式，甚至从肉体上加以消灭。其实这种态度反而使其他信仰不但不能湮灭，反而以更顽强、更隐蔽的方式传播。这使得宗教对立、文化冲突更为加剧，甚至引发战争，比如“十字军东征”。而中华民族对各种宗教的宽容，虽然有思想观念的因素，但也充分说明了中华文化的特征就是多元并存和兼容，中华民族文化的这一优良传统，使得中华民族文化如此博大精深和具有强大的生命力。

四

一定的民族文化观念决定了对民族政策的贯彻和执行，决定了在处理民族问题时所坚持的原则和采取的方式方法。民族文化观念是民族政策观念的重要组成部分，所有从事民族工作的人员都应当具备正确的民族文化观念，因为很多民族问题都发生在传统、习俗、道德、生活方式、语言等涉及民族文化的领域。特别是由于社会政治经济的发展和人们思想观念的变化，民族文化的认同度和宽密度也在发生变化。这就需要我们与时俱进，研究在新形势下民族文化观念的发展和变化，才能在处理民族问题时把握正确的原则和方法，不至于失时、失度、失策。在对待和处理民族问题的时候，一定要提高到对民族文化的态度上来认识，才能正确处理好民族问题。

张有智、张焕君在《文明的历程》中指出，“在多民族国家，由于民族政策失当等原因，导致非主体民族在政治、经济和文化等方面受到所在国主体民族的歧视和压迫，就会触发一个民族从其他民族分离出来的求异心理，造成非主体民族的族体认同与国家认同的断裂，民族主义情绪便不可遏地制爆发出来。这就是民族主义的分裂功能，一旦与恐怖主义、宗教狂热主义、极端民族主义结合起来，就会给所在国和国际社会造成冲突和震荡”。20 世纪末，在民族分裂主义的作用下，前南斯拉夫被分裂为 5 个国家，这个历史的教训是值得人们深思的。

民族文化的差异可能造成民族文化的排斥、摩擦与冲突，处理得不好，甚至产生文化危机。文化冲突的根源是种族中心主义和绝对的文化相对论，这些观念被无数历史事实所证明，都是荒谬的。发生在北非和西亚的民族文化冲突最终发展成街头暴力、骚乱、破坏和战争，除了政治的因素和外来干预的影响外，根本原因就是不同民族文化的失衡。它从民族文化的角度告诉我们：一方面要尊重民族文化的共性和差异，承认文化的多元性；另一方面必须承认文化的共存和不同民族文化的共性。承认文化的兼容性和相近性，才能达到不同民族文化的共存共荣，和谐共生。

片面强调不同民族文化的异质性，特别是利用不同民族的宗教信仰，曲解教义，蒙骗教徒，煽动宗教情绪和民族对立，甚至采取极端的做法，不惜使用暴力，以凶杀、爆炸等恐怖主义的手段，谋求民族独立，妄想分裂祖国，是目前民族分裂主义者热衷的方法，需要我们认真加以警惕。对于披着神职人员的外衣进行违法活动的分子，要在群众中揭露其嘴脸和险恶的用心，予以严厉打击。对于利用传播媒介宣扬种族中心主义乃至民族沙文主义的做法，应予以取缔，并且以文化的同质性为原点，在群众中大力宣传中华民族文化的多元共存与兼容的理念。对于接受境外敌对势力的训练、参与恐怖组织的犯罪分子要将其绳之以法，绝不姑息。要为祖国的边疆营造和平安定的社会环境，保证各民族人民正常的生活秩序，维护祖国的统一，构建和谐繁荣的社会，实现民族复兴的“中国梦”。

疆独、藏独和台独分子愚弄、欺骗、煽动和胁迫群众的手法有一个共同点，就是夸大民族文化的差异性、排他性，突出以本民族文化为中心，片面强调本民族的价值观念和生活方式，否认文化的多元和相容。罔顾中华各民族大家庭成员几千年来共存共荣的事实，否认中华主流文化对祖国繁荣的贡献，抹杀主流文化对少数民族文化发展所产生的巨大推动力，无视中央政府在保持和坚守各少数民族固有文化上制定的政策和所作出的不懈努力，并对所实施的政策加以歪曲。我们应以正确的民族文化观为武器，揭露其荒谬性和不可告人的险恶用心，正本清源，以教育广大群众。

坚持中华民族文化的多元共存与兼容，是和坚持各民族文化的特性、个性相统一的。我们历来尊重各少数民族文化的特殊性，并把发展、弘扬各少数民族的文化作为民族政策的基石。我们鼓励和帮助各少数民族保留自己的文化传统，在整理挖掘民族文化遗产，保存各民族物质和非物质遗产方面做了大量工作，在政策、资金、人力方面加以倾斜和支持。中华文化是各民族文化的集中和统一，所以我们十分珍视各少数民族文化传统。只有民族的，才是世界的。中华文化之所以具有深刻的内涵和厚重的积淀，是各民族文化共同贡献的结果，也是中华文化具有无限的生命力和张力的根源。

要大力弘扬中华民族精神，中华民族精神是中华各民族共有的精神品格和共有的精神财富的结晶，民族精神具有民族凝聚功能、精神激励功能、价值整合功能和稳定功能。民族精神属于文化的深层结构，具有相对稳定性。民族精神、民族文化心理的相对稳定是维护社会稳定的必要条件。因此，要积极宣传、弘扬中华民族精神，继承和发扬中华民族的传统文化，坚决反对民族虚无主义，并使中华民族文化不断丰富和发展。要固守中华民族的精神家园，坚持中华民族共同的价值观，这是中华民族生存和发展的精神命脉。炎黄儿女应团结起来，共同努力，为迎接中华民族伟大复兴时代的到来做出自己应有的贡献。

（发表于2013年第4期《阜阳师范学院学报·社会科学版》，本文荣获中共阜阳市委统战部2014年2月颁发的“全市统战理论创新优秀成果一等奖”）

论地域文化对中华文化的贡献

——以颍淮文化为例[①]

《中共中央关于深化文化体制改革、推动社会主义文化大发展大繁荣若干重大问题的决定》中指出："文化是民族的血脉，是人民的精神家园。"提出了"文化强国"的宏伟目标，彰显了中国共产党率领全国人民推动文化建设的信心和决心。

中华文化瑰丽多姿，博大精深，源远流长，绵延不绝，是世界文化之林中最具灿烂辉煌的一部分，而各具地方特色的地域文化，共同构成了中华文化的宏伟篇章，为中华文化的繁荣和发展，发挥了极其重要的作用。地域文化是人类生存和文化创造的物质基础和生产活动、生养休

① 本文系中共安徽省委统战部2012年度理论政策研究重点课题"中华文化多元一体问题"的子课题。

息的文化范畴，是关乎人文因素和历史传统的特定空间，是由漫长的历史和特殊的地理条件逐步形成，并且为人们所广泛认同的文化现象。因此，加强对地域文化资源的开发和利用，是丰富和发扬中华文化的重要举措，应该引起各方面的关切和重视。

一、颍淮文化在中华文化中的地位

江淮大地，人杰地灵。生活在这片沃土上的江淮儿女创造了独具魅力的安徽文化，即人们所称道的徽文化。徽文化作为中华文化的一部分，在学术思想、科学技术、文学艺术等领域，对中华文化做出了很大的贡献。而从区域文化的角度看，徽文化可以分为淮河文化、皖江文化和徽州文化三个文化圈。颍淮文化是淮河文化圈中的一个亚文化圈。颍淮文化主要是指淮河的主要支流颍河所在区域的地域文化，它也是安徽文化的一个重要组成部分。颍淮文化现象展示了中华文化既具多元化，又具一体化的特征。它既是中华文化体系中的重要组成部分，同时也保留着自己的风格和传统。加强对颍淮文化资源的开发和利用，是继承和发展中华文化战略步骤的重要一环，也是加快皖北地区发展的重要战略。

地域文化既具有漫长的历史积淀的特点，又有一定的空间范围的区域特点，因而地域文化自有其独特的风貌，颍淮文化突出表现了这些特征。

阜阳位于黄淮海平原的西南端、安徽北部的淮北平原。这里土地肥沃、物产丰富，沙颍河从阜阳腹地流过，注入淮河。但是由于独特的地理位置和气候，经常遭受水、旱灾害，经济上贫穷落后。面对艰苦的生活条件和自然环境，阜阳人民没有被困难吓倒，相反，却造就了艰苦奋斗、豪爽慷慨、淳厚笃实、热情奔放、坚韧恒毅、开拓进取的精神和品格。在漫长的历史岁月中，阜阳人民既承袭了华夏儿女优良的传统，也顽强地表现出自己特有的人文内涵，形成了由颍河和淮河哺育的颍淮文化。在历史积淀中形成的颍淮文化具有不可限量的内涵和张力，是中华文化不可或缺的组成部分，具有重大的影响。

我们伟大祖国地域辽阔，丰富的地理资源和悠久的历史，造就了异彩纷呈、各具魅力的地域文化。颍淮文化的形成和发展，是在中华文化的大背景、大发展、大趋势下进行的。中华文化的优良传统和所特有的中国精神、中国气派，也往往在像颍淮文化这样的地域文化中体现出来，打上深深的烙印。所以，颍淮文化顽强地表现出中华民族的精神风貌和中华文化的内在价值。同时颍淮文化又通过自己的特点和不同的表现方式，为中华文化的繁荣和多姿多彩，以及中华文化的不断发展和丰富，做出了自己独特的贡献。

二、颍淮文化所具有的丰富资源

在阜阳这一方沃土上，名人荟萃，大家辈出。殷商之争，传奇人物姜尚，就出生在临泉。春秋时期，辅助齐桓公称霸天下的管仲，是颍上县人氏。宋代的不少文坛巨擘，如晏殊、欧阳修、苏轼、黄庭坚、杨万里、周邦彦等均在阜阳游历或从政过，和阜阳结下了不解之缘。他们当时的诗文行踪，都和著名的阜阳名胜——颍州西湖联系在一起。西湖的水，给了他们灵感；他们的诗作，又为西湖平添了文化气息。苏轼的名句“大千起灭一尘里，未觉杭颍谁雌雄”，把颍州西湖和杭州西湖相媲美，更提高了颍州西湖的知名度。

阜阳大地由于其独特的地理位置，也是兵家常争之地，所谓“梁宋吴楚之冲，齐鲁汴洛之道”，“控扼陈蔡”。秦朝末年，陈胜揭竿而起，先期战事便首先在阜阳一带展开。以后的楚汉相争，南北朝的相持对垒，宋元的血腥厮杀，都曾经把淮北平原作为战场。南宋名将刘锜曾在颍州大破金兀术拐子马。刘福通举起反对异族统治的义旗，张洛行组成捻军和太平天国相呼应，他们都与阜阳发生过联系。

阜阳有旖旎秀美的自然风光，古有颍州西湖，湖光山色，令人流连忘返；今有八里河景区，气势恢宏，已成为国家级旅游胜地。阜阳历史悠久，从周朝开始即为分封的胡子国，名胜古迹，比比皆是，如资福寺、文峰塔、刘锜祠、奎星楼等。此外，还有颍上的管鲍祠、太和的孔庙。从阜阳的地下发掘出的历史文物，更是灿若繁星，精美绝伦。汝阴侯墓为西汉墓葬，出土的文物包括陶器、铜器、漆器等，其中一批竹简记录了《仓颉篇》《诗经》《刑法》等，具有很高的研究价值。还有一批测天文和占卜的木制的二十八宿圆盘、六壬式盘、太乙九宫占盘等，国内罕见。从阜南出土的商朝青铜器龙虎铜尊，造型十分精美，为国内独有，现存中国历史博物馆。其他如战国时代的郢爰金币、汉代的五铢金币，不能一一枚举。

阜阳有悠久的革命传统，从土地革命时期，我党的优秀儿女就在这里开展过革命活动。著名的爱国主义和革命传统教育基地有魏野畴烈士故居、“四九”暴动遗址、杨虎城将军抗日活动遗址、邓小平指挥所遗址等。阜阳还有不少动人的民间故事和传说。管仲和鲍叔牙的友情，如“管鲍分金”“管鲍之交”“鲍叔牙让贤”等，一直为后世称颂。胡子国国君修建女郎台的故事，缠绵哀怨，其悲欢离合，常为后代文人咏怀。战国末期的少年英雄甘罗机智过人，为后代的青少年所津津乐道。春秋时，善于骑射的楚将养由基，百步穿杨，一箭成名，传为美谈。三国时吴将吕蒙，以奇袭荆州而使一代英豪关羽父子败走麦城而名扬四海。他们都是阜阳人中的佼佼者。

列入国家级非物质文化遗产的界首陶瓷、阜阳剪纸、颍上花鼓灯、阜南柳编、临泉肘阁、界首苗湖书会、阜南嗨子戏等项目，更为颍淮文化增添了新的色彩。

界首陶艺继承了唐三彩的遗风，又吸收了剪纸、木版年画的艺术风格。刻画饱满，造型古拙，风格粗犷，尤其是在烧制时透明釉的大胆处理，以在刻画和剔花处不经意地显露出彩陶的红泥本色，完整地保留着远古民间艺术的神韵。在题材上，除以生活中花、鸟、鱼、虫为对象外，还把传统戏曲表演的艺术元素吸收其中，以工艺大师卢山义的“刀马人”最为典型。在他的以戏曲武将人物为题材的作品里，笔调简洁生动，细腻流畅，形象生动传神，颇具中国元素和中国风格。

颍上花鼓灯长期流传于淮河两岸，具有浓郁的皖北乡土风味和农村生活气息，舞蹈动作大都从生产劳动和日常生活中提炼出来。舞蹈语言中融汇着淮河儿女粗犷乐观、昂扬向上的性格和热爱生活、苦中有乐的审美情趣。舞蹈以男女共舞、独舞、群舞相结合的组合形式，动作多彩多姿，热情奔放，风趣幽默。表演时亦歌亦舞，以打击乐器伴奏，热闹欢快。歌唱部分称花鼓灯歌，曲调来自民间小调，轻快优美，抒情性极强。伴舞配乐大都为流传在皖北的地方戏曲的曲牌改制而成。表演时还有岔伞、折扇、方巾等，形成独特的舞蹈类型，深受皖北人民的喜爱。在国内外演出活动中屡获殊荣，被周恩来总理誉为“东方芭蕾”。

阜阳剪纸是在对皖北农村传统剪纸的挖掘、整理的基础上逐步形成的具有阜阳特色的剪纸艺术样式。很久以来，阜阳农村妇女就有剪花样的习惯，剪出的花样用以刺绣，主要是服装的花边和花鞋、花帽的图案装饰。妇女们常常在农闲时剪花样，互相交流，手巧的妇女的花样能夹进厚厚的一本书。剪花样成了评价巧媳妇的重要标准，所以女孩子学女红也把剪花样作为重要学习内容。花样的题材大多以十二月花事、十二生肖以及象征吉祥如意的图案为主，而且根据需要加以夸张和抽象化，具有很高的艺术价值。经过阜阳美术界热心人士的不断挖掘，并且在题材和技艺上加以提高，吸收了兄弟地区剪纸艺术的长处，逐步形成了自己的特色和风格，和其他地区的剪纸相比较，阜阳剪纸题材广泛，刀法细腻，不但保留了传统剪纸的风味，而且发扬光大，形成了浓郁的地方色彩。

阜南柳编原是当地农民在农闲和发大水的时候，采用淮河大堤上生长的杞柳用手工编制的器皿。开始是作为一种谋生手段，编出的器物以农具和农村生活用品为主，如柳条筐、笆斗、篮子、簸箕等，后来经过加工和提高，逐步转向以出口为主的工艺品、摆设、家具等，艺术价值和使用价值都有所提高。由于是手工制作，取材天然，具有生态化、个性化的特点，很受北美和欧洲顾客的青睐。目前阜南柳编产品已经大量行销海外，成为阜阳一项大宗出口商品，现在阜南已经形成了几个大型的产业化生产集团。

三、颍淮文化的突出特点

颍淮文化多姿多彩，是一个很有特色的文化生态空间。名人辈出，群星荟萃。风物典籍，无不延续着中华文化的文脉，凸显出中华文化的文魂。特别是颍淮文化所表现出的那种阜阳人民所独有的高尚的思想境界，更是忠实地守护着华夏文明的精神家园。作为中华文化的一部分，颍淮文化具有以下鲜明的特点：

（一）传统性

无论从物质文化还是从精神文化看，颍淮文化都具有强烈的中华文化道德、中华文化元素和中华文化符号，是中华传统文化的典型。从哲学上看，这里是老庄思想的发祥地，又处处体现儒家文化的思想精髓，具有中华传统文化全息性的样式和品格。从历史看，夏禹把天下分为九州时，这里属豫州。在西周大统一时代，这里隶属中央的两个分封的小属国——胡子国和沈子国。秦统一中国时，这里置汝阴县。西汉时，这里是汝阴侯的封地。从地缘政治看，这里距中华文化的核心——中原地区很近。从语言上看，这里与以北京方言为基础的普通话差别不大。从民风民俗上看，这里顽强保留着所有中华文化诸元素的内容。从文化遗产看，这里所有具有代表性的项目都和中华民族文化具有清晰可寻的渊源，在地域文化中，颍淮文化是承载中华文化的典型，具有鲜明的传统性。从移民迁徙史的角度看，这里不像其他地区，不存在土著、客籍的差异和磨合。尽管这里也发生过山西人、河南人南迁至此的情况，但由于生活习惯、文化差别甚微，所以他们就很快地融合在一起，承继着中华文化遗风遗俗。在地域文化中，颍淮文化是承载中华文化的典型，具有鲜明的传统性。

（二）独特性

颍淮流域处于黄淮海平原的西部，淮河流域的北部，属于黄河文化和长江文化的接合部，是多元区域文化碰撞、融合、兼收并蓄和交叉共存的结晶。所以，颍淮文化既具北方文化的粗犷、热烈、色彩鲜明、朴实率直，又具有南方文化的细腻内敛、温文尔雅、浪漫灵秀。据《正德颍州志》记述：“民俗性率真直，贱商务农，尚气安愚，不事末作；男勤耕桑，女勤织纴，人备文武全才，风俗清丽；里巷敦扶持之义，男女别饮食之筵。民淳讼简而物产美，土厚水甘而风气和。质而不华，直而不绞。”区域文化在这里的冲突和交汇，形成了颍淮文化自身的地域特色。阜阳剪纸将我国北方剪纸的概括洗练和南方剪纸的细腻娟秀融为一体，从而形成自己的独特风格。界首陶艺则是将历史传统和戏曲人物巧妙结合，自成一派。豫剧流行于河南，又称河南梆子，在与皖西北接壤地区有一种豫东调的唱法，传到阜阳地区后，形成了以颍淮地区口语发音为特色的流派，并且在阜阳地区广泛流传，扎下根来，最终化为新的剧种——淮北梆子，拥有广泛的群众基础。

由于颍淮地区水旱成灾，自然条件比较艰苦，群众生活相对贫困。在民风民俗上，形成了与中原文化和长江文化相对不同的一些特点，比如在节庆民俗上就显得比较节俭，和富庶的南方相比，物质上不那么丰富。从民俗地理学的角度看，这里更接近于华北民俗地理区，而不同于属于华中民俗地理区的安徽省其他地区。这里的华夏古文化的传统表现得非常强烈，尤其是崇武之风十分突出。在颍淮流域的农村，百姓素有玩抢弄棍、演练气功拳术和以举重为强身健体项目的习惯，特别到了冬闲时，更是蔚然成风。习武一是可以强健体魄，二是可以防战乱、匪患，保家护园。比起沿江江南地区，颍淮百姓身体健壮，性格豪爽，能吃苦耐劳。奥运体操冠军邓琳琳出身阜阳，不是偶然的。由于地理位置更靠北方，冬天气候较为寒冷，为抵御风寒，这里的群众都善饮酒，而且酒量较大，酒文化的表述也更直白。加上盛产酿酒作物，酿酒工艺发达，制酒行业兴旺，百代不衰。

（三）继承性

颍淮文化之所以能够在中华文化的格局下以地域文化的形式顽强地存在，就是因为颍淮文化全面继承并弘扬了中华文化的优良传统，把中华传统文化的自强不息、顽强拼搏、不懈追求、厚德载物的精神传承发扬，形成了今天举世闻名的“王家坝精神”，王家坝精神是中华文化精髓的标本和典型，是中华文化在当今时代的新的发展和新的显现。王家坝精神是在颍淮大地上休养生息的阜阳人民对中华传统文化的丰富和贡献，王家坝精神所表现出的“舍小家、为大家的顾全大局精神；不畏艰险、不怕困难的自强不息精神；军民团结、干部同心的同舟共济精神；尊重规律、综合防治的科学治水精神”是中华民族共有的艰苦奋斗、创新奉献精神在新时期的继承和发展，是社会主义精神文明的具体体现，也是构建社会主义核心价值体系的具体实践，同时也是建设中华民族共有的精神家园的着力点。社会主义文化建设，就是要推动文化发展为了人民、文化发展依靠人民、文化发展成果由人民共享，进而促进人的全面发展，提升全民的素质。这也是今天我们要推动和发展颍淮文化，进而发扬光大中华文化的最终目的。

四、必须加强对颍淮文化资源的开发和利用

颍淮文化既保留了皖西北地区的文化的特点，又沿袭了中华文化固有的传统，带有浓郁的徽文化特征。颍淮文化的相对存在，说明了中华文化的多元性和包容性，同时也说明了中华文化对像颍淮文化这样的亚文化的统领性和一体性。这是我们继承和发扬颍淮文化的思想基础，只有明确了开发利用颍淮文化资源的这一重大意义，也就是开发利用颍淮文化对丰富中华文化的意义，我们才会有更多的决心和更大的投入。

阜阳特有的颍淮文化资源取之不尽，用之不竭，要重视对颍淮文化的建设。颍淮文化中很多名人轶事、优美篇章、自然风光、文物古迹、风俗民情和动人传说，可以根据多样化和选择性的原则，经过挖掘、整理、筛选、分类、整合，进而有针对性地加以利用。我们在为自己先辈创造出如此丰富的地方文化资源而感到骄傲和自豪的同时，要考虑到如何更好地开发和利用这一丰富的地方文化资源。

（一）要发挥品牌效应

首先，要充分调动阜阳市政府各有关职能部门的积极性，集中智慧，加强对颍淮文化的发掘和整理工作，使成果及时转化为文化建设的举措，并着力推出颍淮文化的品牌。其次，要加大普及宣传的力度，加深市民对颍淮文化的认知了解，让市民在谈到颍淮文化遗产时如数家珍，增强对地域文化的自豪感。可以把颍淮文化作为乡土教材，纳入中小学校课程，让文化建设向基础教育延伸。让每一个中小学生对颍淮文化都能有比较深入的感知。最后，要加大对外宣传的力度，充分利用网络、影视、广告等形式，发挥媒体的宣传作用。打造易懂、易识、易记、简洁、明了并且具有阜阳特色的广告语，推出形象代言人。旅游产业是宣传颍淮文化最佳的渠道，应大力扶持。

（二）采取多种经营方式

在着力打造品牌的基础上，可以采取多种经营方式，开发和利用颍淮文化资源。如采取修缮遗迹、恢复原貌、出版读物、寻根探访、开发旅游、媒介推广、专题研究等方法，并且使之做大做强。比如重修阜阳城隍庙、欧阳修遗址以及申报书法名城等举措，就深得各界赞许。另外，携项目参加第八届中国（深圳）国际文化产业博览交易会，举办姜尚文化节、管子文化节等活动，都充分说明阜阳市在文化建设方面正面向全国，走向世界。要加大对文化建设的投资力度，并使之产业化。还应有所创新，比如举世闻名的王家坝精神的发祥地王家坝，就可以开发为旅游资源，设立王家坝精神陈列馆、阜南柳编销售中心、淮河农家乐土菜一条街等。要尽快建立皖北文化资源网，实现信息的贮存和共享。阜阳市诸多国家级非物质文化遗产的申报成功就是文化建设的一个成功先例。

（三）重视对颍淮文化资源的保护、发掘和研究

为提高文化软实力、提升综合国力、建设中华民族共有的精神家园，应加大对中华文化的生态保护的力度，这是关系到中华文化繁荣和发展的必要措施。与此同时，也应该对各地域文化采取有效可行的生态保护。颍淮文化虽然是亚文化圈中的一个较小单元，也是中华文化多元的一个重要组成部分，同样需要加以善待和保护。这种保护不但应包括对传统文化物质遗存、文物的保护，也应包括非物质文化遗产的保护。比如流传在阜南的嗨子戏，流传在太和的清音以及流传在界首的渔鼓，都是群众喜闻乐见的艺术形式，而且在颍淮地区广为流传。可是现在因为诸多原因而濒临失传，已经后继乏人。开发文化资源是对文化资源的重视，而保护乃至抢救文化资源，更是对文化资源的重视。颍淮文化多姿多彩，名人名物极为丰富，一些资源项目尚待开发，应抹去其历史的尘封，使其发挥应有的作用，这也是开发利用文化资源的重要课题。比如颍上籍的唐朝贤吏张路斯，曾被诏封为昭灵侯，宋代苏轼在颍州为官时曾为其扩建张公祠，并亲撰《昭灵侯碑记》，刻石为纪。由于年代久远，现在知道其事迹的人已经不多了。五代时阜阳籍李谷曾为三朝重臣，尊为赵国公。武可安邦，文能治国，而且积极推行改革措施，利国利民。这样的贤良，不应被历史湮没，而应对其事迹加以整理。另外，从整体上看，目前对颍淮文化的研究工作力度还不够，水平也有待提高，应成立专门的研究单位，并积极整合现有在阜的高校及文化科研单位的人力，加强从学术的角度对颍淮文化资源的保护、发掘、研究、开发和利用，同时也应通过学术研究将颍淮文化推向全国，乃至世界。

总之，应该从中华文化多元一体的角度，发掘颍淮文化固有的特质，领略颍淮文化的精髓，以丰富阜阳地区的精神文明建设，使颍淮文化更具有自己的特色。

我们应该继续努力，决不能让丰富的颍淮文化资源这一先辈留下的财富闲置和浪费，这样，我们才不会愧对曾经创造过辉煌文明的先辈。颍淮文化作为中华文化中一个区域性的文化单元，既具有中华文化的共同特征，又具有地域文化的突出特色。颍淮文化的发展，也为中华文化的复兴和繁荣，做出了自己独特的贡献，将和其他区域文化一起，奏出中华文化洪钟大吕的雄浑乐章。

（发表于2012年第3期《阜阳职业技术学院学报》，本文荣获中共阜阳市委统战部2013年3月颁发的“全市统战理论创新优秀成果一等奖”）

文化创意与创新思维

在创新的大潮中，文化创意正来势凶猛，高潮迭起，硕果累累，成为新兴产业的翘楚。创新思维是文化创意的支撑，也是文化创意的基础。为使文化创意继续保持快速发展的势头，有必要对文化创意的思维方式加以剖析，理清创新思维的模式，适应创新思维的品格，找出创新思维的规律，让创新思维成为文化创意取之不尽、用之不竭的思想源泉。

一、文化创意的发展

文化创意在创新驱动和“互联网＋”的背景下，已经贯穿社会各个领域，成为新的经济增长点。加快文化创意的发展，在促进经济结构调整、发展方式转变和促进产品和服务创新、新兴业态增长等方面发挥了巨大作用。目前文化创意在政策的扶植和驱动下，发展迅速，摇曳多姿，色彩纷呈。仅以下列有代表性的典型为例：

（一）创意书屋

兴办图书馆并不算创新，但是如果在农村兴办一家特色书屋那就是一项创意。李晓东是一名善于将中国传统的设计理念和西方主题融合起来的设计师，他一下子就看中了交界河村位于北京近郊的有利地理位置，又被村里丰富的自然资源，成千上万棵栗子树和核桃树的树枝所吸引，而这些树枝常常被当地农民当柴烧。他用这些树枝搭建了一座图书馆，图书馆建筑的主体结构是方钢和钢化玻璃，采用开放式建筑格局。更具创意的是外面的墙壁和屋顶则铺满了果树的枝条，使书屋似乎融入了果树林中。这座取名为篱苑书屋的内部设施十分随意，陈列着开放式书架，藏书五花八门。另一项特色是房间里没有桌椅，读者可以坐在地板和阶梯上阅读。书屋建成后，为那些在节假日力图逃避城市的喧嚣和烟尘的人们提供了一个优美和宁静的环境，吸引了大批以白领为主的游客前来。李晓东的这项成功的创意获得了以日裔加拿大建造师雷蒙·深山命名，且由加拿大皇家建筑协会颁发的“深山国际奖”。这个奖项表彰的是“具有变革性、创造性和启发性，而且体现尊重和包容等人类价值”的建筑项目。最近，85 岁的深山慕名造访了这座书屋，他喜欢自己眼前的建筑，他说：“这座特别的建筑赢得大奖令我非常开心。这个奖项就是要挑选体现为人们服务精神的建筑，这座图书馆体现的人文情怀非常了不起。”由于篱苑书屋极富创意，受到国际媒体的关注，美国《纽约时报》网站对此做了报道。

（二）时尚网站

上海姑娘凌霄是时尚 SNS 网站尚趣网的 CEO，她在网站创办之初就把资讯、博客、论坛、视频、圈子统统整合在一起，她认为时尚领域是多变的、不仅是行业设计师或企业，一般受众群体也都在追求个性化。一个潮人肯定喜欢炫的，同时还要有互动，所以仅仅一个论坛或博客是无法满足他的。时尚类用户是最善变的，最贪婪的，这些人不可能只玩一种，比如要看视频去一个网站，要写诉求去一个博客，要玩 BBS 再登录一个网，要记那么多域名……所以应该搭建一个高兼容性的平台。凌霄为此付出了艰苦的劳动，她花了半年的时间跟 IT 技术人员讲清自己的构想，掌握各种技术语言，并且做到了能用两种语言互相翻译，她终于成功了，尚趣网成为一个在时尚专业里小有名气的网站。在经营中，尚趣网以“圈子”来划分用户群，有设计圈、演艺圈、造型圈、摄影圈。用户感到很方便，包括著名化妆师吉米和东田。如果遇到品牌作个秀，就可以在尚趣网将资料全部上传，自然就能找到需要的人。普通用户也一样，想做造型就可以给中意的造型师留言，甚至付费找他做。这样的贴心服务让业内人士和用户都开心，用户感到方便，时尚圈内人也借此扩大了影响力。凌霄的尚趣网就这样采取一手时尚，一手 IT，混搭和兼容了时尚的美和科技的酷。

（三）智慧旅游

目前，手机已经成为游客不可或缺的旅伴，为了使旅途更加便捷，很多景点已经实现了免费无线宽带网络全覆盖，并且建立了电子门票、旅游分销、智慧移动等系统，构筑旅游系统网站集群、电视商务、手机服务等平台，为游客提供出行参考、路线选择、在线支付等服务，使旅游与互联网接轨，并借助互联网实现客户服务的转型和企业经营的升级，这一创意被称为智慧旅游。游客在旅行前，通过手机客户端，可以预订景区门票、酒店和其他服务项目。到达景点后，客户根据手机 GPS，快速定位自己所在的景点位置，手机客户端还可以为游客讲解旅途中的名胜古迹、风土人情。手机客户端就能够解决游客的吃、住、行、游、娱、购等服务项目问题，以及提供天气、交通等详细信息，还可以互相交流旅途中的感悟，让景区文化与游客的需求、爱好、兴趣互动。游客在旅游过程中既可以饱览信息，又可以通过微博畅谈自己的见闻，抒发自己的情怀，使景区的山光水色与网络中的虚拟世界达到了完美的统一，游客感受到的是前所未有的新的境界和体验。

（四）体育新意

体育也是文化事业的重要组成部分，创意者们对体育这一传统项目也进行了大胆的改革，注入了新的内容，使体育更加富有时代感，更加和群众拉近距离。最近，长沙某瑜伽教练学校，为普及瑜伽，在长沙石燕湖上表演了一场瑜伽绝技。这些瑜伽达人们在水中特意搭建的高台上表演着各种高难度的瑜伽动作，以此传播绿色生活理念，倡导人与自然的和谐相处。高台是特制的，恰好与湖面平齐，造成瑜伽表演者是在湖中的水面上做动作的动人视觉效果；加上表演者全部为清一色的美女，身材婀娜多姿，穿着上白下粉的表演服，动作整齐划一，伴以优美动听的乐曲，表演者的美妙动作和在水面上的倒影沉浸在绿色的湖水中，十分赏心悦目，造成动人的艺术效果。这一大胆创意获得了观众的认可，达到了普及和推广瑜伽的原创目的。

某品牌化妆品为推出新品，融入运动生活，携手上海跑步节，特邀女界精英、校花、名模参加该品牌冠名的女子健康跑。热情洋溢的青春靓丽面孔，不仅给跑步运动增加了活力和吸引力，更使品牌化妆品备受瞩目。活动现场，身着品牌化妆品定制的运动服的美女们接受了品牌化妆师的专业辅导，通过化妆后参加健身跑的亲身体验，感受到了这款品牌化妆产品美妆持久、防汗防水的功能，为实现女性在体育锻炼后依然保持美美哒提供了给力资源。有了这种化妆神器，女性运动就会更加酣畅淋漓，不会再为补妆而担忧，美妆加运动，这个创意还是蛮新鲜的。

体育与旅游联姻，也是一种文化创意，体育旅游打破了以观光为主的传统旅游业态，成为一种综合性消费，包括户外运动、运动康复、体育养生、体育表演、体育用品等方面，为游客提供了更丰富的消费选择。目前体育旅游产品的开发集中于休闲，以地域性及文化性的民俗体育旅游产品为主，依托名山大川等自然资源和传统民俗等文化资源，打造体育旅游线路和项目，丰富了旅游产品，如徒步行走、太极养生、山地自行车、高空滑翔、登山、漂流、攀岩、蹦极等内容，还可以举办赛事为平台，将参赛运动员、体育爱好者和观众转化为游客，形成交通、住宿、参观、餐饮、购物、娱乐等旅游产业链，使体育和旅游事业互补，共同发展。

（五）电商设计

文化传媒帮助电商企业进行品牌设计和市场推广，是文化创意的又一形式。品牌对商品营销的意义至关重要，它不仅意味着质量可靠，还意味着有特殊的整体包装，电商设计的任务就是要给产品设计出适宜的外在形象，打造品牌。文化创意在这里主要是为电商设计出优化的视觉识别系统，包括企业名称、企业标识、象征图案、标准字、标准色等基本要素，还包括办公用品、生产设备、建筑环境、产品包装、广告媒体、交通工具、衣着制服等应用要素，正是这些视觉符号，传达了企业的理念、文化、服务项目和企业规范等内容。

建立视觉识别系统对一个成熟的企业是必不可少的，但是，刚刚步入业界的电商对此并不十分了解，这就需要电商设计作为文化传媒的重要角色，积极帮助电商进行设计。电商和传统销售不同，顾客的第一印象十分重要，加上市场非常广阔，同质化竞争也显得更为激烈，形象设计在其中就要发挥自己的作用，帮助电商通过打造品牌形象，扩大销售渠道，占领市场份额，使自己的产品得以畅销。

很多电商由于刚刚起步，其网上店铺显得比较粗糙，需要对其进行优化，以打造优美、靓丽、宜人的视觉空间，所以文化传媒作为电商的视觉形象顾问，还要对网上店铺进行设计和美化，以突出品牌形象，搭建高档次的平台，进一步树立商品形象，开拓网络市场。文化传媒在帮助电商进行企业形象和品牌设计方面还有更加广阔的空间，需要文化创意进一步加以开拓。

二、创新思维的模式

创新是一项艰苦而复杂的心智活动，它需要以人们的智慧作支撑，这就需要人们不但要勤于思考、勇于思考、敏于思考，而且还要善于思考。创新指的是对既定的、习惯的模式的突破，能够思前人所未思，言前人未所言，行前人未所行。文化本来就是人们思维的产物，文化创新中创新思维的含金量更高。你要创新，你的思维肯定更高一筹。所以，研究文化创意，应该以创新思维的模式为起点。

习总书记十分注重思维方式，十八大以来，他多次强调，要努力学习掌握科学的思维方法，以科学的思维方法保证各项改革顺利推进。据中国共产党新闻网所载《特别关注：习近平总书记强调的六大思维方法》一文中说，习总书记主要强调了六大思维方法：一是辩证思维，他说："改革也要辨证施治，既要养血润燥、化瘀行血，又要固本培元、壮筋续骨，使各项改革发挥最大效能。"二是系统思维，他说："全面深化改革是一项复杂的系统工程，需要加强顶层设计和整体谋划，加强各项改革关联性、系统性、可研究性。"三是战略思维，他指出："要加强战略思维，增强战略定力，更要统筹国内国际两个大局。"四是法治思维，他指出："依法治国是党领导人民治理国家的基本方略，法治是治国理政的基本方式，要更加注重发挥法治在国家治理和社会管理中的重要作用，全面推进依法治国，加快建设社会主义法治国家。"五是底线思维，他强调："要善于运用底线思维的方法，凡事从坏处准备，努力争取最好的结果，做到有备无患，遇事不慌，牢牢把握主动权。"六是精准思维，他要求："要从细节处着手，养成习惯。如果对工作，对事业仅仅满足于一般化，满足于过得去，大呼隆抓，眉毛胡子一把抓，那么问题就会被掩盖。"正确的思维方式是正确的工作方式的先导，习总书记在这里虽然主要从治国理政的角度谈思维方式，但同样能对文化创意的思维模式发挥指导作用。

李克强总理也非常强调正确的思维方式，他把思维对创新的意义提高到艺术的高度，他曾指出，创新需要艺术的思维。这是很发人深省的，为什么文化创意要从创新思维谈起，道理很简单，因为文化就是一种思维，进行文化创意就必须使用思维这把打开智慧的金钥匙。

我们认为，文化创意的创新思维方式有以下几种：

（一）线性思维

思维沿着一个既定的方向，进行深入的思考，由现象到本质，经过深究，最终得出结论。比如有了一个创意，人们总是先捕捉这一稍纵即逝的灵感火花，然后一步一步地深入思考，使之具体化、明朗化，最终获得比较明细准确的成果，并付诸实施。线性思维最大的特点是思维始终不渝的方向性，它的突出特点是思维的一贯性、单一性、持久性、执着性。发挥思维的这一独特优势，我们可以抓住一个创意，紧追不放，利用这个创意的各种已知的有利条件，继续对这个创意进行研究，形成一个系列，使这项创意越做越大，成为自己的专属空间。鉴于线性思维的这些特征，所以人们又称之为纵向思维。

（二）平面思维

这种思维方式尽可能多地考虑到创意的各个方面、各种因素、各种结果，思维并不是停留在一条线上，而是扩展成一个面，这个面是在线性思维的基础上扩展开来的，这种思维方式的特点是思维在保持方向性、持续性的同时，注意向毗邻处、近似处、同质处发展，让思维扩展开来，从而开拓思维的广度，让思维变得更加丰富和充实。

比如文化创意中的衍生、组合、跨界、伸展，都是这种思维方式的结晶。由于思维不再是仅仅停留在一条线上，而是多条线索齐头并进，所以这种思维方式又被称为横向思维。

（三）立体思维

思维不但有一定的广度，还要有一定的深度，从纵深方向多方面、多角度地思考，使思维占据了一个空间，具有多个维度。只有这样的思维，才足以反映事物的多样性、复杂性。所以，运用这种思维进行文化创意，不但要能纵览全局，居高临下，而且要能细致入微、全面、周到、深刻地进行创意设计，这样才能保证设计的充实完美。

在具体设计中，运用立体思维，可以全面权衡设计的其他各个要素和能够影响设计的各种要素，以及设计中可能产生的各个新的要素，还包括设计形成后可能出现的新情况和各种可能，像主观条件、客观条件、环境因素、文化背景、目标受众、适用人群、推广渠道等，只有设想得越细、越具体，创意成功的可能性就越强。

（四）发散思维

又称开放型思维，这种思维方式十分活跃，能把思维的触角伸向四面八方，能够运用丰富的联想和想象，进行多角度、多层面的思维，能从问题的一点生发开去，联想到很多问题和问题的很多方面。

发散思维的最大特点在于能够摆脱习惯性思维模式，不受常规思维的约束，能将自己的思维自由地发挥，让思维的空间无限伸展，而这一特点对于创新思维和文化创意至关重要，因为要创新，就必须摆脱旧的、老的思维方式的羁绊；要创新，就不能使自己的思维仅仅停留在某一点或问题的某一方面，唯有使思维挥洒自如，才能获得创新的自由。当然，发散思维也不是散漫无边、不着边际地胡思乱想，发散思维也要有一个既定的目标和预想的范围，这样的思维才能使创意取得预期的效果，达到预想的目的。

（五）聚焦思维

通过多方面的思考，多方面的论证，去除表象，抓住事物的本质，集中到问题的核心，从而得出结论，这种思维方式就叫聚焦思维。聚焦思维的关键是三个方面：首先是能找到各种事物或一事物的各个方面之间的逻辑关系和必然联系，或者找到它们的共性或共同之处；其次是能理清它们之间的关系，把握它们之间的内在联系，通过分析，使之逐步趋于明朗；最后是能找到问题的焦点，并且把创意中遇到的所有问题都能集中到这一点上来。如果能做到这一点，就抓住了事物的本质或要害，从而得出正确的结论。创新思维既然是想前人所未想，那么聚焦思维就能够帮助我们破解创意中遇到的困局，从而达到“柳暗花明又一村”的新的境界。

（六）逆向思维

逆向思维又称反向思维，这种思维不是顺着一般的事理去想，而是反其道而行之，与事物发展的常规方向相悖，甚至看起来好像不合逻辑，有些荒诞不经。为什么逆向思维能给人这样的印象？就是因为人们还是站在原来的立场上去评价它。其实它是一种超常思维，它是建立在正常思维的基础上，但又对正常思维加以突破，所以被人称之为“反弹琵琶”，琵琶既然能“反弹”，肯定是个高手。所以，逆向思维常常能够出乎人们的意料，取得出其不意的效果。但规矩总是规矩，所以这种思维也有很大风险，我们在运用这种思维进行文化创意的时候就应该注意，不能超越原则，不能违背常情，否则就是荒谬的了。因为创新就是超常规的，所以这种思维方式有时又被称为“脑筋急转弯”。

三、创新思维的品格

创新思维这六种基本模式仅仅是创新思维的基础，创新思维并不拘泥于这六种模式，创新思维还有很多品格。创新思维是非常活跃的思维方式，虽然不能说是天马行空，但又确实丰富多变。尽管如此，通过深究，人们还是能够描摹出它的一些规律，找出它的一些特征。我们发现，创新思维有以下品格。

（一）生发

由已知的事理推想未知的事理，在已知事理的基础上通过思维生发出新的事理，就像老树又发了新枝，这是创新思维经常表现出的一种品格，并不神秘，甚至小学生都会用。小学课本里有一个名篇《乌鸦喝水》，很多国家的小学教材都有。大意是瓶子里只有半瓶水，乌鸦喝不到，就叼了很多石子丢进瓶子，水位上升了，乌鸦就喝到水了。课文的主旨是告诉小朋友遇到困难要想办法解决，就像这只聪明的乌鸦一样。有一位教师上这篇课文的时候，就启发学生运用创新思维，说乌鸦这样聪明，谁还能替聪明的乌鸦再想个喝水的办法呢？这个问题是有一定难度的，特别对于小学生来说，更是如此。但出人意料的是，一位小朋友就说了，乌鸦把一个瓶子拖到一个斜坡上，运用斜面的原理，水位也就上升了，乌鸦就能喝到水了。这个办法确实不错，用不着劳神费力地来回折腾叼石子了。教师给予鼓励，又启发学生问谁还能再想个别的办法。令人吃惊的是经过思考，又有一个小同学发言了，他说乌鸦在路上捡到了一个小朋友丢的吸管，把吸管插到瓶子里，于是它就喝到水了。究竟世界上有没有这么聪明的乌鸦，我们暂且不论，但是孩子们的思维方式是正确的，那就是在原有的事理上尽量考虑如何生发。在文艺创作中，这样的生发很多见，如电影《唐伯虎点秋香》《大话西游》都是著名导演周星驰在人人熟知的传统小说基础上生发出的。但是，生发一定要在原有事理基础上进行，而不能与之相悖。比如贾玲对《花木兰》的新的演绎，就不能称之为创新，而是一种恶搞了，之所以受到群起而攻之，那就是违背了生发的规律。

（二）突变

这是一种超常思维，不顾情理，不问常情，不按套路出牌，不遵守游戏规则。但是意料之外却在情理之中，创新思维的这种品格称之为突变。

据说当年李鸿章作为内阁总理大臣出访美利坚，在欢迎仪式上按照国际惯例要奏两国国歌，美国当然有国歌《星条旗永不落》，但是清政府当时并没有国歌，怎么办？这是有损国体的大事，我泱泱中华大国，岂能让洋鬼子看笑话？足智多谋的李鸿章一时也没了主意，情急之下，他的创新思维起了作用，来了一个大胆的突变，说就给他们来一段《二凉》小倒戏吧！小倒戏就是庐剧，是流行在安徽合肥一带的地方戏，李鸿章是合肥人，自小酷爱家乡戏，不管走到哪里，身边总少不了一个庐剧戏班子。这下戏班子发挥了作用，就堂而皇之地奏了一曲庐剧《小辞店》中的一段，由于来自中国的乐师们神情庄重，洋鬼子也就认为这就是中国的国歌了，因为谁也没听过中国的国歌，所以也就无法质疑。其实庐剧作为“国歌”也无可非议，因为据考证美国自己的国歌在1814年美国独立之前曾是一首流行歌曲，而且是英国乡村小酒店的一首酒歌，其旋律来自《致天堂里的阿那克理翁》，歌词内容低俗，歌颂酗酒和放纵，其品位和《小辞店》无法相比。既然美国人可以拿通俗歌曲做国歌，中国人拿地方戏做国歌也无可厚非。李鸿章的灵机一动说明突变在创新思维中的地位和作用。

（三）改造

改造就是在原有事物的基础上加以改造制作，使之形成新的事物，当然这种改造必须是合理的，合乎事物发展规律的，合乎常情的。改造不是推倒重来，而是局部加以修正，或者是重新制作，改造反映了创新思维的又一品格。

在文艺创作中，不乏很多运用改造而成功的先例。比如著名的歌剧《江姐》，由于剧情是在川渝地区展开的，剧中人物都是四川人，所以这部歌剧的曲作者，著名作曲家羊鸣巧妙地利用川剧音乐作为音乐语言，不但生动地塑造了江姐等英雄人物的完美形象和感人故事，而且使全剧浸透了巴山蜀水的四川风味，令人回味无穷，成为新中国成立以来歌剧创作中难得的佳品。差不多在同一时期出现的另一部歌剧《红珊瑚》则是运用河南曲剧的音乐加以改造，而形成自己的主旋律，优美动听，一时传唱不绝。脍炙人口的歌曲《西沙，我可爱的家乡》更是以流行于南海的潮剧音乐加以改造，将潮剧音乐元素有机地融入旋律中，使歌曲充满了浓郁的海南地方色彩。

（四）更新

创新思维的这种品格就是在已有的形式上加进新的内容，将人们熟知的事物，赋予新的生命，又称旧瓶装新酒，当然也是一种创新。

比如著名流行歌曲音乐家陈小奇创作的歌曲《涛声依旧》，开始并没有火，第二年由著名歌手毛宁演唱后，迅速走红。中央电视台春晚上毛宁再次演唱后，加上唯美的伴舞和舞美的演绎，一炮打响，风靡全国。其实，作者创作的灵感完全来自一首唐诗——张继的《枫桥夜泊》，原诗抒发的是作者赶考时寂寞无奈、郁郁不得志的情怀，而《涛声依旧》对它加以更新，融入现代元素，将其重新打造为一首爱情歌曲，抒发了思念恋人的动人情怀。这种更新为什么能被大家认可、接受？正是因为这种更新具有它的合理性，《枫桥夜泊》本来就有一种莫名落寞和孤寂，而《涛声依旧》则把这种思绪具体化了、形象化了，成为当代青年能接受的对爱的呼唤，这就使《枫桥夜泊》这首古诗有了新的生命力，有了新的具有时代风貌的精神和气质。当然，歌曲的成功之处还在于作者陈小奇能够把握音乐语言的旋律，准确地表达了原诗的意境，并使新作在原诗的基础上加以更好的发挥，既没有背离原诗表达的意境，又有了更新、更具体可感的内涵，这是运用更新这种思维品格的成功范例。2014 年中央电视台中秋晚会上，这首老歌又被重新包装，加上新的配器，推出小组唱演唱形式的摇滚版，观众反映十分强烈。正当人们在意犹未尽的时候，晚会紧接着又演出了苏州评弹《枫桥夜泊》，令观众如痴如醉，大呼过瘾。晚会编导这种编排和观众的积极反响，充分说明不论是专业人士还是大众，对这种不断地更新是充分肯定的。

（五）延续

顺着已有事理的思路进一步思考，推而广之，通过推想，进而派生出新的事理，这种新的事理是原有事理合理的延伸，犹如行云流水，因势利导，顺势而成。

在文学创作中，运用延续这种思维的品格十分多见，比如中国古典文学四大名著，都有人接着写续书，其中尤以《红楼梦》的续本最多，竟达几十种。其实《红楼梦》本身的后八十回也就是高鹗在曹雪芹原作的基础上续写的。由于高鹗全面通晓原作的故事情节和人物之间纷繁复杂的关系，准确地把握了曹雪芹的创作意图、主题和人物的性格特征，对原作描写的社会环境也熟稔于心，所以续书竟达到了天衣无缝的程度，结局不但是合理的，也忠实地表达了原作的意愿。

延续应该是在充分理解原作的基础上进行的，只有能够完全驾驭原作的思想精髓和表现形式，方能将原作的精神发扬光大，否则只能是狗尾续貂而已，在文化创意中，应该尤其注重这一点。

其实，对残缺文物的修葺、残破古字画的装裱及古建筑园林的修缮，也都是延续这种创新思维品格的具体体现。能把残缺文物复原，把破损字画修复得天衣无缝，让古建筑园林恢复原貌，也都应该视为文化创意。

（六）借鉴

以已有的事物做参考，借助已有事物的内涵或表现形式，创造出新的事物，是创新思维的又一品格。借鉴自模仿开始，并在模仿的基础上逐步加以改造制作，最终产生出与参照物完全不同的新的事物。借鉴也是一种移植，把外来物种本土化，本身也是一种创新。

其实在改革开放初期，我国有很多工业产品都是从西方引进的，开始是照搬照抄，然后逐步消化、改进，逐步使之中国化，最终成为中国造。借鉴不能停留在照搬照抄阶段，没有任何自己的东西，那就是抄袭，是“山寨版”，借鉴最终应该形成与被借鉴者完全不同的事物，才有意义。

在戏剧创作中，运用借鉴这种思维品格对剧目进行移植是一种常见的现象。比如曹禺的话剧《雷雨》，正因为强烈的戏剧冲突、人物性格的典型化以及主题的深刻性而被移植成多种地方戏，著名的如黄梅戏。

而越剧把鲁迅的小说《祝福》改编为戏曲，由于演员的再创作，同样达到了很好的艺术效果。郭沫若的话剧《蔡文姬》最先被移植为昆曲，接着被移植为京剧，然后又被移植为越剧和其他地方戏，最后又被改编为电影、电视。现代京剧的优秀剧目《沙家浜》是从沪剧移植来的，《红色娘子军》是从舞剧移植来的，而舞剧又是从电影移植来的，它们被移植为现代京剧后，又被各种地方戏曲移植。用多种艺术形式表现同一题材，百花齐放，灿若群星，为各地拥有不同爱好的观众所欣赏。

在服装设计中，借鉴这种思维品格更被大量运用，当世界服装之都米兰、巴黎、伦敦、纽约发布每年的季节流行趋势后，国内服装设计师便亦步亦趋，将世界服装潮流引进国内，吸收其流行元素和理念，并加以本土化，最终形成自己的服装设计风格。经过市场推广后，一些小厂便以大牌为楷模，借鉴其花色与款式，推出自己的产品。当然，我国也已经形成上海、深圳等服装基地，不但在国内引领潮流，而且影响超越国度。目前在西方服装设计中，一些著名品牌在自己的成衣或高级定制中纷纷加入中国元素。相互借鉴，已经成为中外服装文化交流的重要途径。

（七）跳跃

跳跃体现了创新思维在节奏上和过程上的变化，一般情况下，思维都是按照一定的节奏和步骤进行的，事物发展变化也是有一定过程的，人们的思维正是事物发展一般规律的反映。但是跳跃作为创新思维的品格，它是事物发展出现特殊情况的一种反映，所以它就不能再像一般思维那样行事，必须超越思维的某个环节，进行跳跃式思维，这样也才能与众不同，才能推陈出新。

比如旅游，一般首选就是安全地区，因为只有安全，人们的生命财产才能有最基本的保障。如果在某一个地区，出现生命财产将面临危险的情况，旅游部门一定会发出预警，游客也不会冒着危险前往的，这是常理常情，一般人的思维也都是按照这个模式进行的。但是跳跃思维却不像这样按常规考虑问题，它偏偏要打破常规，跳过“安全”这个坎，推出所谓“黑色旅游”项目，目前在美国已经成为非常具有个性化的项目，追求刺激的游客十分青睐。现在战火纷飞的叙利亚、冲突不断的利比亚、经常发生自杀式爆炸的阿富汗，都已经成为“黑色旅游”的首选，本·拉登的藏身地和塔利班活动最猖獗的巴基斯坦的卡拉库拉姆山是最受美国游客欢迎的地方，而且价格不菲，平均每位 7000 美元。但据导游称，人们对这旅游项目表现出浓厚的兴趣，游客觉得自己也成了战争中的一员，回家后，他们可以向亲友炫耀，曾在战场上亲眼看见了一场战斗。据说，在过去几年中，“黑色旅游”市场每年以 15%的速度增长，每年可以创造 3000 万美元的价值。其实这并不难理解，因为不可思议也就是一种创意。

（八）超前

这种思维品格大家都理解，因为我们经常说超前思维，所谓超前思维就是把定规、定制、常规、常情都看作是落伍的、过时的、僵化的、保守的，把追逐新、奇、潮、酷作为目标，因此超前思维常常能够引领潮流，走在常规思维的前面，突发奇想。而超前的也总是在开始时不为人们所接受，所有具有创新精神的产品，不论是物质的还是非物质的，一开始大都是被人们所排斥的。

我国著名的京剧表演艺术家梅兰芳先生当年曾受苏俄戏剧理论家斯坦尼斯拉夫斯基之邀访问苏联，在莫斯科大剧院演出《白蛇传》“断桥”这一折时，梅先生饰演的白娘子有一个动作，一手指向许仙，同时一句道白：“冤家呀！”当时由于舞台灯光太强，梅先生又有些近视，这一指竟几乎要按在了许仙的眉心上，许仙下意识地向后倒，梅先生一看不好，急忙上前去扶，结果许仙并没有倒下，梅先生就把手收了回来，造成了一种欲扶又止的效果。这一连串的动作都是原先没有的，不能说不是一个破绽，但是演出效果十分动人，大家也都没有感到有什么失常的地方。后来有一位记者在梅先生访问结束的招待会上提出了这个问题，梅先生一时语塞，而坐在一旁的斯坦尼斯拉夫斯基却代他做了回答："这有什么难以理解的！这是伟大艺术家的伟大创新！"全场报以热烈的掌声。以后梅先生再演这一折的时候，也都像这样演下去了。京剧是程式化最为严格的表演艺术之一，而梅先生却经常考虑如何对其推陈出新，虽然这一次并非有意所为，但是梅先生改革的潜意识决定了这次改动，这种创新的潜意识就是超前。因为在这之前梅先生已经在考虑如何运用更丰富的表现形式展现白娘子当时如泣如诉的复杂内心世界，所以这一次的改革还是应该归结到梅先生对京剧超前的改革意识上，就像斯坦尼斯拉夫斯基指出的那样，是一种伟大创新。众所周知，梅先生对京剧表演艺术多次进行过大胆的改革，比如《霸王别姬》里给虞姬加的一段精彩的剑舞，《天女散花》中加入的中国红绸舞元素，都是如此，并且取得了精彩的艺术效果。由于不断改革创新，梅先生不但创立了自己的艺术流派，而且也使京剧这门古老的艺术保持了旺盛的生命力。

（九）联想

利用已知事物与未知事物之间的条件关系、因果关系和它们之间的逻辑关系，超越时间和空间，推想未知事物，使未知事物清晰化、明朗化，从而产生新的思维成果，称为联想，是创新思维的又一品格。

在文化创意实践活动中，联想这种创新思维的品格被发挥得淋漓尽致。比如社会上愈见热络的国学热，开始仅仅是教孩子们读《三字经》《弟子规》《千字文》等国学经典，后来愈搞愈兴旺，主创者们就积极发挥联想，充实内容，活跃形式，以吸引更多的孩子和家长参与。既然是国学，那就应该营造国学的环境，于是办学场地大兴复古之风，被装修成古代的厅堂，让学生一律学古人，席地而坐，面对矮几。服装也要发扬国粹，于是孩子们统统换上了汉服。仅仅是读书还有些单调，主创者们便进一步发挥联想，加入茶道、书法、太极、京剧、国画、剪纸等传统文化技艺。通过这样寓教于乐、喜闻乐见的内容和形式以及十分丰富的多元多层次的组合，国学经典中蕴含的传统美德，在潜移默化中塑造着孩子们的人格，养成了孩子们的国民意识社会责任，培养了孩子们对国家和民族大任的自觉担当，同时也使孩子们从小就领略到了中华传统文化的博大精深。

积木是人们儿时的玩具，但创意者发挥联想空间，把积木放大二十倍，制成超大型魔幻积木，这种积木和成人身材的比例相当，为成人打开了一扇积木魔幻乐园的大门。上海正大广场不久前推出的这项极具创意的“积木魔幻乐园”，受到了工作压力大、思想压力更大的白领阶层和猫爸虎妈们的欢迎，他们带着减压和追随儿时童话般的梦想的希望，纷纷来到园中。这里不仅有用积木堆积起来的复古上海老街，还有装扮成积木的“积木人”在街角的积木咖啡屋与人们同进下午茶。游客还可以在积木火车站搭乘积木魔幻火车，穿越时空，去积木罗马剧场观赏由积木人表演的节目。在这里，大人和孩子可以一起释放童真、童趣，一展平时被忽视的想象力，从中得以放松，这就是主创者运用联想创意思维品格为人们带来的意想不到的乐趣。

（十）逆反

出于对现实的反思，催生出非正统、非主流的思想意识，开始并未被大家接受，认为不合时宜，不合常规，反叛、超前、出格，但是最终还是被接受和认可。一战结束以后，欧洲在废墟中重新建设，但战争带来的另一后果是各种各样的激进思潮滋生蔓延，首先是延续千年的君主制在很多国家被摧垮，然后是共产主义思想迅速传播，并诞生了第一个社会主义国家苏联，这就是《共产党宣言》里所谓的一个幽灵在欧洲徘徊，并且给中国送来了马列主义，在中国掀起了五四运动和新文化运动。毛泽东的武装夺取政权和甘地的非暴力不合作主义在中国和印度这两个东方大国开始实践。在文艺创作上，出现了海明威的意识流写作方式、毕加索的超现实主义和达利的达达主义，从而推动了现代先锋派的发展。贝克的爵士乐先是在青年人中大行其道，并且借助广播、电影等新型媒体充斥着欧洲和美洲大陆，冲击着人们的耳膜。大批欧洲移民来到美国，使波西尼亚文化和哈莱姆文艺复兴圈在美国勃起、繁荣和发展，并且利用有声电影和彩色电影，使好莱坞电影文化蒸蒸日上。而和平、平等、自由的思想使大批青年加入了反战嬉皮士运动，最终带来了占领华尔街运动。回顾这段惊心动魄的历史，人们可以发现，这些新奇的东西都是通过反思滋生的，是逆反这种创新思维品格的结晶。开始人们对它们的评价不一，但是现在看来，这是亚文化对主流文化产生逆反而发出的正能量，它们都符合时代潮流，并且推动了历史的前进。所以，通过逆反，重新认识事物，完全可以催生新的东西。但是，逆反不是离经叛道，在文化创意中，我们还是要坚持四项基本原则，坚持社会主义核心价值观，在这样的前提下去思考和解决问题，去推陈出新。

李克强总理在2015年政府工作报告中使用了“创客”一词，从经济学的角度看，所谓“创客”表现为两种：一是可以解决“现在已有的需要”与“现在尚没有的技术”之间的矛盾，去积极创新产品与服务；二是可以解决“现在尚没有的需要”与“现在已有的技术”的矛盾，通过发掘和利用已有产品或服务的新特性，开拓新的市场，创造新的需求。“创客”这个词当然很有创意，既生动又形象，文化创意者当然也是“创客”，但是，如何当好这个“创客”，那就需要认真研究创新思维的模式和品格了。

（本文荣获安徽省社科联 2016 年 2 月颁发的“2015 年安徽省社科联三项课题研究成果三等奖”）

洪门文化论[①]

中共中央深改组第七次会议审议的《关于加快构建现代公共文化服务体系的意见》中指出："要牢固树立以人民为中心的工作导向，坚持以社会主义核心价值观为引领，深入研究新时期人民群众文化需求特点，发展先进文化，创新传统文化，扶持通俗文化，引导流行文化，改造落后文化，抵制有害文化，为实现中华民族伟大复兴的中国梦提供强大的精神动力和文化支撑。"中央指示精神，为我们正确认识和对待洪门文化，指明了方向。

洪门是我国近现代史上具有传奇色彩的民间社团组织，至今仍然活跃在海外侨界和港澳台地区，一直在为团结广大侨胞，维护侨胞的正当

---

① 本文系中共安徽省委统战部 2015 年度理论政策研究重点课题"关于华侨事务工作的有关理论研究"的子课题。

权益而努力工作，也为加强祖国与海外侨胞的联系，宣传祖国的进步和发展，促进祖国统一等方面做出了突出贡献。今天完全没有必要再让洪门背负沉重的历史负担，而应着眼于现实和未来。况且海外洪门和新中国成立前大陆的洪门有很多根本上的不同，也应加以严格的区分。所以，团结海外洪门是今天统战工作的必然，也应该是坚定不移的。洪门文化是一种独特的文化现象，需要我们用正面的眼光对其进行全面细致深入的研究，要积极发挥它的正能量，对洪门文化做出客观公正的评价，还其本来面目，并以洪门文化为平台，研讨在新形势下，开展侨海工作的新举措，开创侨海工作的新局面。

一、海外洪门具有光荣的斗争史迹

（一）早期洪门具有强烈的反清复明色彩，与孙中山先生的旧民主主义革命思想有相通之处

洪门是中国近现代史上规模最大、持续时间最长、影响最为深远，并且至今仍是海外侨界中活跃的群众组织。关于洪门的起源，史家各有其说，有的还带有浓郁的神秘色彩。不过比较接近史实的说法是洪门是由抗清名将郑成功创始的，所以洪门具有鲜明的反清复明的政治色彩，洪门中流行的歌谣就明白地喊出“替天行道神共鉴，诛灭清贼转明朝”的口号，这与后来四处奔走，力图创建民国的革命先行者孙中山先生的旧民主主义革命主张有着相通之处。

孙中山先生青年时代在求学中结识的好友里，郑士良、尤烈等都是与洪门交往很深的人，洪门的反清思想通过这些人给孙中山很大影响，在日后的革命活动中，这些影响日益显现。比如在组织形式上，孙中山先生就沿袭了洪门秘密结社的做法，他在成立同盟会时亲自拟定的接头

口号是“问何处人？答为汉人。问何物？答为中国物。问何事？答为天下事”，与洪门的“切口”十分类似。在政治纲领的拟定上，也表现出与洪门有一脉相承之处，比如兴中会的誓词为“驱除鞑虏，恢复中国，创立合众政府，倘有二心，神明鉴察”，这实际上是把洪门的传统口号用当时比较流行的资产阶级通用的语言表达出来了。

（二）辛亥革命前后，洪门为“中华民国”的诞生做过突出贡献

明朝灭亡后，很多怀着反清复明志向的明朝遗民流落到海外，继续他们的斗争，并且把活跃在大陆民间的帮会组织洪门也带到了海外，借以组织和扩大自己的力量，洪门在华侨中的影响遂逐步扩大，这个时期的组织开始时称为“洪门”。为有利于组织存在，对外则称“互济会”，后来势力逐渐壮大，称为“致公堂”。据统计，当时百分之九十的华侨都是致公堂的成员，可见其在侨界中影响之大。

致公堂虽然在侨界有一定的凝聚力，但组织较为松散，没有形成系统的组织章程，尤其是政治理念比较模糊，各组织之间缺乏联系，只是停留在互济互助的层面上，还没有真正形成一种政治势力。

孙中山先生在辛亥革命前的一系列革命活动均因各种不同的原因而告失败，遂流亡海外，北美的致公堂引起了孙中山先生的关注。而致公堂本身具有的朴素的革命本质使得双方一拍即合，更为可贵的是，孙中山先生还运用他的思想提升了致公堂的革命理念。

为了使洪门转变为民主革命的组织，经洪门前辈钟水养介绍，孙中山先生于 1904 年冬在美国檀香山加入了洪门，并被尊为洪门的“洪棍”，这是一个在洪门中相当高的级别。孙中山先生利用这个地位和洪门的高层领导联络感情，并对洪门的思想建设和组织提出两个建议：一是将“反清复明”的政治主张改为“民族大义”，支持在国内实行共和；二是将秘密结社组织浮出水面，改为社会公开的政治公益组织。洪门接

受了孙中山先生的思想，这使得以后的洪门，也就是以后的致公堂的发展发生了一个质的变化，组织性质也有了新的飞跃，这一转型也为以后致公堂转型成为致公党奠定了坚实的政治基础。孙中山先生还协助洪门致公堂重定致公堂的章程，并进行洪门总注册，使洪门致公堂成为一个政治性、组织性、纪律性更强的革命组织。

致公堂当时对辛亥革命所做的贡献表现在两个方面：一是大批优秀的致公堂青年追逐孙中山先生，潜回国内，参加孙中山先生领导的护法、起义等革命活动，不少人为之献出宝贵的生命，最为著名的是洪门英烈秋瑾女士。而国内的洪门子弟也纷纷加入起义斗争中，孙中山先生领导的广州第一次起义，是以广东当地的洪门力量为骨干的，后来的萍浏之役、广州之役、惠州之役、镇南关之役、黄花岗之役，参加的士兵大多为湖广地区洪门成员。而辛亥革命首举义旗的孙武、向松波、金兆龙等人，皆为洪门精英。二是致公堂的成员为孙中山先生的革命事业踊跃捐款，用财力给予支持。据不完全统计，孙中山先生在美国旧金山市接受了美洲华侨 7 万人捐助的款项共计 21 万美金，这笔巨资对孙中山先生的革命事业所发挥的作用，是可以想象的。

广州起义失败后，孙中山先生再次赴海外筹款，美洲洪门弟兄积极响应，数月内共募得近 7 万美元，加拿大洪门首领陈文锡为急革命所难，不但成立筹饷局，积极展开募捐工作，最终竟将致公堂房产向银行抵押，贷款 3 万美元，汇回香港，此乃黄花岗之役经费的主要来源，致公堂对革命的贡献，由此可见一斑。

（三）抗日战争中，海外洪门为坚持抗战做出了牺牲

抗日战争爆发后，海外洪门密切关注着国内的战局，同仇敌忾，发起了轰轰烈烈的抗日救亡运动。“九一八”事变以后，海外洪门组织立即发出号召，要求洪门子弟积极投入支援国内抗战的运动中去，特别是

美洲洪门致公堂领袖，也就是后来成立的中国致公党第一任主席司徒美堂先生，不顾年老体衰，在古稀之年，车马劳顿，长期奔走于北美及中南美诸国侨界，揭露日军侵略暴行，宣传抗日救国，联合海外侨团组织，运用各种方式进行抗战宣传工作，并积极进行募捐活动，筹集了大批捐款。据不完全统计，截至 1941 年，捐款总数达 630 多万美金，按当时价格，可购买战斗机 63 架，由此可见贡献之巨。

淞沪抗战爆发后，司徒美堂亲率海外侨界代表团捐赠的慰问物资，奔赴上海战场，冒着枪林弹雨，在火线上慰问英勇杀敌的十九路军，大大鼓舞了将士们的斗志。

“七七”事变以后，全国人民义愤填膺，海外侨胞也无不摩拳擦掌，纷纷要求回国投军，报效祖国。洪门即在华侨青年中组织华侨义勇军，远渡重洋，赶赴上海，投身抗战。当时滇缅公路是抗战最困难时中国与外界的唯一补给线，而国内更为紧缺的是汽车驾驶及维修人员。国内有关方面电告海外侨界，希望帮助招募机工，海外洪门得知这一消息后，积极动员东南亚华侨机工来到仰光，担负起这个光荣使命，在高山大峡中，冒着敌机的炮火，不畏艰险，向国内运送了约 50 万吨军事物资、15000 余辆汽车。截至 1942 年 5 月滇缅公路彻底中断，华侨机工共牺牲 1000 余人，其余人员有的继续为美国盟军服务，有的投奔八路军、新四军和其他抗日武装，从事驾驶、维修、翻译等技术性工作，在抗战史册上留下了可歌可泣的一页。

（四）洪门至今仍然是海外侨界中主要的社团组织，在侨胞中具有一定的影响力

19 世纪下半叶，我国东南沿海以客家为主的华人，有些开始陆续漂洋过海，远赴异国他乡谋生。在侨居国从事修路、挖矿、种植等最苦最累的工作，收入微薄，生活艰难，处于社会的最底层，受到歧视和凌

辱。华侨中也有一些由于清廷追捕而逃到海外的洪门人士，他们遂在华人族群中设立堂口，发展成员。由于以“锄强扶弱，除暴安良”为口号，加上行侠仗义，打抱不平，堂内以兄弟相称，主张有福同享，有难同当，在华侨中深得人心，迅速扩展，及至辛亥革命前夜，华侨中百分之九十都加入了洪门，洪门成了华侨中最主要的社团组织，影响日益扩大。中华民族一向具有强烈的认同感和“天地君亲”的组织观念，所以华侨有在侨居地抱团取暖，形成组织的需要，以保护自己的正当权益和生存空间。洪门当然是适应华侨这种需要的首选，所以能在全世界华侨中滋生蔓延，逐渐壮大。

洪门在侨胞中积极进行扶贫济困，凡加入洪门者，均以兄弟相称，平等相处。失业及无家可归者，可在堂口内食宿。经营缺乏资金者，可由堂内代为筹款，盈利后奉还。遇到问题，小至排难解忧，大至抗日救国，洪门都积极参与，以为己任，在维护侨胞的休养生息方面做出了突出贡献，成为华侨可以信赖的家园。

为了改善洪门在侨居国的生存环境，使洪门能更好地为当地社会所接受，洪门对外宣称与西方社会广泛认可的共济会是一家，并且把共济会的徽号拿来使用，这使得西方人士认为洪门就是中国的共济会，从而产生同情、共鸣和好感。为了适应西方的政治社会，洪门还聘请当地有名望的社会活动家为法律顾问或律师。比如北美的洪门就曾长期聘用后来任美国总统的富兰克林·罗斯福为法律顾问，这对维护洪门的合法权益发挥了重要作用。为了改变洪门秘密帮会的形象，洪门组织纷纷浮出水面，改组、登记为合法的政党。1945 年初，在司徒美堂的策动下，美洲洪门致公堂宣布成立“中国洪门致公党”，公开要求“结束国民党的一党专政，还政于民，召开国民代表会议，成立民主政府”，和当时中国共产党的主张不谋而合。美洲其他的各洪门致公堂组织也纷纷仿效，改为致公党。致公党遂成为与国内新民主主义革命运动相呼应的海外进步势力，并力图参与国内政治活动。经过曲折斗争，最后司徒美堂终于走上与中国共产党合作的道路。而加拿大、中美洲诸国以及澳大利亚等国的洪门则成立民治党，在亚洲、菲律宾的洪门成立进步党，泰国称大兄会，这些洪门政党目前在侨居国都十分活跃。海外洪门也认识到，要扩大影响、发挥作用，必须纳入当地主流社会，所以洪门积极参加社区公益事业，搞慈善活动，比如赈济救灾、捐款、义卖等，还兴办学校、医院、养老院等机构，积极参加西方群众喜闻乐见的节日花车大巡游、嘉年华、选美等活动，洪门的舞狮、舞龙成了这些活动不可缺少的项目。洪门还宣传推广中国的武术，运用洪门特有的传统“大洪拳”“小洪拳”等套路，传承弘扬中国武术文化，在西方青少年中很受欢迎。战后洪门更加热心投入美国两党竞选活动，日益成为影响得票率的重要因素，因此不少美国政治家为向华裔族群拉票而与洪门人士结交，洪门已经成为海外华侨界不可小觑的政治力量。

二、正确认识洪门文化的内涵，充分发挥洪门文化的正能量

洪门文化是根植于海外侨胞中，并且有广泛影响力的文化形态，它和在海外侨胞中同样具有影响力的闽南文化、客家文化、妈祖文化一样，都是中华民族传统文化的一部分，尽管它们同属于平民文化，是作为主流文化的中华文化的亚文化，但洪门文化和属于地域文化的闽南文化、属于族群文化的客家文化、属于信仰文化的妈祖文化相比，自有其鲜明的特色，需要人们正确认识、挖掘和整理。

由于洪门成立之初就是隐蔽性的秘密组织，这就使洪门组织蒙上了一层神秘色彩。加上洪门为了生存发展而被迫采取的一系列特有的组织

形式，如口号、暗语、箴言、帮规、制度、手势、茶碗阵、仪式等，都是局外人所难以理解的。外人不明就里，再加上统治者为了镇压洪门而采取的反宣传策略，就更容易让一般民众对洪门产生误解和偏见，普遍感到洪门诡秘莫测。洪门的主要群体来自下层劳动人民，本来在社会上就没有地位，这些因素都使洪门长期受到歧视，甚至被与黑帮画上等号。这种现象是很不正常的，应该还洪门本来面目，给予其客观公正的评价。

关于洪门文化的范畴，很难对其做出一个明确的界定。不过通过比较可以看出，洪门文化和中华民族传统文化相比，属于主流文化中的亚文化，和精英文化相比，属于平民文化、大众文化；和庙堂文化相比，属于民间江湖文化；和正统文化相比，属于通俗文化。但是，我们不能因为洪门文化的这些属性，而贬低洪门文化在中华传统文化中的地位、影响和作用。

我们认为，洪门文化是以儒家文化为主流文化的中华文化全息系统中的亚文化。中华文化是以儒家文化作为精英文化为主体，而以平民文化为基础所构建起来的文化生态园。洪门文化属于平民文化，平民文化作为社会文化的基础文化，是主流文化的自然生态，它比主流文化的社会生态具有更强的社会功能和文化生命力，洪门文化之所以延续三百多年，正好印证了这一点。主流文化是平民文化系统化、礼仪化、经典化理性升华的产物，所以洪门文化作为平民文化，其价值取向、核心内容都顽强地和中华民族主流文化保持一致。主流文化反映了平民文化追求人道和民主的要求，满足了平民文化中普遍存在的天、地、人之间平衡的本位需求。所以平民文化对主流文化在社会伦理道德、宗法制度方面形成的思想观念是一致的，这一点在洪门文化中也突出地表现出来。

洪门文化的核心是“忠”“义”二字。洪门初创时即以“反清复明”

为口号，鲜明地表现出忠君思想和以汉族为正统的民族观念，这种政治诉求到了海外后，转化为对辛亥革命和抗日救亡运动的全力支持，是民族大义的具体体现。新中国成立以后，以司徒美堂为代表的海外洪门热心加入建国大业，投身于祖国的经济建设。在祖国统一问题上，海外洪门旗帜鲜明，始终坚持一个中国，反对台独，表现出强烈的爱国热忱，由此可见，洪门的“忠”在新形势下有了新的内涵，那就是忠于祖国。

海外洪门成员大都为生活在中下层的穷苦民众，由于洪门成员处于弱势的社会经济地位，这就使他们更加需要团结互助，相互救助，接济最需要帮助的人，使“义”成了洪门最高的道德规范。由于洪门尊崇“义”，“义”就成了洪门在组织上团结、思想上一致、经济上互助的有力保障。

海外侨胞在居住地常常受到土著文化的歧视和排斥，这就使华侨对自己的根抱有强烈的归属感。洪门适应了侨胞这种文化心态的需求，坚持弘扬中华民族传统文化，使民族精神在海外得以振兴。尽管洪门也供奉五祖和关公等偶像，但宗教迷信色彩比较淡薄，海外洪门更是如此，受传统礼教影响更少，组织较为民主，成员中讲义气，为朋友可以两肋插刀，疾恶如仇，追求平等，凡加入洪门者皆结为异姓兄弟，彼此以兄弟相称。受西方民主思想的影响，洪门的这种文化在海外洪门中表现更为突出。

海外洪门还以武术为载体，在侨居地传播中华文化，著名的“洪拳”即出自洪门，原为“反清复明”而习武，后被带到海外，遂得以传播。海外洪门人士在侨居地创办武术馆校，经常举行表演及比赛，在西方影响很大，被称为“中国功夫”，加上洪门每逢西方节日便组织舞狮、舞龙表演，使中华文化在西方民众中更具吸引力。

“和”也是洪门文化的重要内涵，洪门主张凡事以和为贵。遇有矛盾，双方应以讲和的方式解决问题，到茶馆通过吃茶讲和，由中间人充当调停者是比较常用的方式，这种处理矛盾的方式也被带到了海外。

三、以洪门文化为平台，开创侨海工作的新局面

海外洪门在侨胞中具有广泛而深入的影响，也是海外侨界社团组织规模最大、时间最为悠久、最具影响力的。洪门文化是中国传统文化的一部分，内涵十分丰富。据不完全统计，现在世界各地的洪门子弟多达6000万之众，是侨海工作中不可忽视的主要力量。我们在侨海工作中应该调动一切积极因素，团结和利用一切可以利用的力量，以洪门文化为平台，开创侨海工作的新局面，具体来说，可以从以下方面入手。

（1）积极保护现有洪门文化的遗迹。如现存的被奉为洪门初创者之一的洪二和尚提喜禅师的供奉地，福建省云霄县高溪庙，福建省绍安县庵龙镇存留的洪门五显大帝神庙等遗址，都具有十分宝贵的史迹价值，当地政府和有关部门应当高度重视对这些现有洪门遗址的保护工作，以加强海外侨胞对祖国文化的认同和归属感。

（2）抢救和发掘洪门文化的遗址和文物。首先由文管部门在现存文物中，分割出“洪门文化”的新类别，并加以界定。据此对洪门文化加以整理，遗址、文物均应由有关单位做抢救性的保护和发掘工作，以使本来就不多见的洪门史迹得以保留。

（3）欢迎海外洪门以寻访洪门历史遗迹的名义回国参访。过去由于国内对洪门认识抱有偏见，海外洪门寻访洪门文化遗迹的活动不便公开进行，而是借助其他名义，现在应该公开欢迎海外洪门回国寻根问祖，同时接受他们对洪门遗迹修缮活动的捐助，以联络亲情。

（4）由中国致公党作为海外洪门的对口联系组织，积极派员组团赴

海外参加洪门每年的两大聚会：一是纪念“武圣”关羽的生日的“单刀会”；二是农历七月二十五日为纪念陈近南在红花亭发动反清复明起义的“红花亭结义”。以及各主要洪门山堂的开山、开堂纪念日，以加深相互的理解和感情。

（5）组织以研究明清史为主和研究民俗文化的专家和侨务工作者创立“洪门学”或“洪门文化学”。开展对洪门历史、文化、现状及发展的研究，建立专门的研究机构。创办以研究洪门文化为宗旨的刊物，以建立发表有关研究成果的平台，并有计划地推出有关学术著作的出版。

（6）在对文艺作品尤其是影视作品的审查中，注意剔除涉及对洪门负面的渲染。比如封建迷信、暴力贩毒等，过去由于部分影视作品为博观众眼球而故意夸大这方面的内容，使得海外洪门产生对大陆政策的误解，造成不必要的心结和误会，从而对海外联谊事业造成损害，这完全是可以避免的。

（7）国内有关部门和有关地方政府也可以举办与洪门有关的纪念活动。如洪门的“单刀会”和“红花亭结义”两大盛典的发祥地山西运城常平村和湖北襄阳下普庵红花亭，都可以举办适当规模的纪念活动，邀请海外洪门团体参加，共襄盛举。

（8）大力宣传海外洪门为团结侨胞，维护侨胞的王当权益，弘扬中华传统文化，积极参与祖国经济建设，坚持和平统一祖国大业所做出的贡献。一方面可以消弭某些人对海外洪门所持有的偏见，另一方面也使海外洪门获得精神上的支持和鼓励。

（9）鼓励和支持海外洪门以洪门组织的名义在国内投资。比如捐资助学，兴建学校；参与公益事业；救助灾区，捐款捐物资；创办经济实体等。对于海外洪门的这些善举，政府应给予指导和支持，在政策上予以倾斜，提供方便。

(10) 中国致公党应积极主动地与海外洪门政党组织加强联系。海外洪门及其下属的民治党等政党团体在海外侨居国已经具有一定影响，应积极主动与其建立密切联系，开展党际之间的沟通和交流，并进行实质性的合作。

(11) 应积极开展工作，加强海外各国洪门之间的联络、交流和合作。目前虽然也有少数海外洪门自发成立了全球性的洪门组织，但由于发起者的影响力有限、组织薄弱、结构松散、缺乏代表性，没有发挥应有的作用，不具备实质上的意义。应由中国致公党牵头，成立权威性、有号召力和凝聚力的国际洪门联盟，在各国洪门组织之间积极开展工作，充分发挥协调功能，以扩大海外洪门的影响，整合力量，使海外洪门更好地为完成祖国统一大业，实现中国梦做出应有的贡献。

洪门已经走过三百多年，这是一个产生于封建社会，又在半封建半殖民地社会中曲折发展，目前仍然活跃在海外的组织，在侨胞中拥有广泛的群众基础，确实在维护侨胞正当权益、团结侨胞与当地族群和睦相处及共建家园上发挥着积极作用。而且海外洪门在加强祖国与海外侨胞的联系以及维护祖国统一大业方面也的确做出了突出贡献。海外洪门秉承民族大义，弘扬中华文化，功不可没。洪门文化是中华文化重要的组成部分，应当发扬洪门文化中积极向上的一面，成为统一战线中的重要一环，这样才能打造侨海工作新的亮点，为振兴中华民族、实现中国梦发挥应有的作用。

（发表于 2015 年第 2 期《广西社会主义学院学报》，本文荣获安徽省委统战部、安徽省统战理论研究会 2016 年 2 月颁发的“2015 年度全省统战理论政策研究创新成果三等奖”）

论台湾民俗信仰文化[①]

中华传统文化素以儒家思想为核心。儒家文化主张以和为贵，和而不同。这就使得中华传统文化极具包容性，从整体上看几乎不具备排他性，其结果是造成了民俗信仰文化的多姿多彩和泛神论的百代不衰，除了佛教、基督教、伊斯兰教都能在中国得以广泛传播之外，民俗信仰更是名目繁多，可谓偶像林立。台湾自古就是属于中国的一部分，民众绝大多数是闽、粤一带移居的客家人，他们在台湾地区休养生息的同时，也把原来根植于大陆的民俗信仰文化带到了台湾，并且在台湾的土地上深深地扎下了根，滋生蔓延。尽管台湾经历过 38 年的荷兰的殖民统治

① 本文系中共安徽省委统战部 2016 年度理论政策研究重点课题“港澳台海外统战工作平台建设”的子课题。

和近半个世纪的日本殖民统治，但异族的侵略并没有使这些极具生命力的民俗信仰文化泯灭，相反，却顽强地流传下来，并日渐兴旺。

台湾地区的民俗信仰文化内容十分丰富，偶像比比皆是，神祇无处不在，各种信仰的宗教场所遍及全岛，可谓遍地神坛，处处道场，庙宇终年烛火通明，香烟缭绕，祭祀时间遍及全年。信徒的人数众多，不但达到岛民半数以上皆为信仰的程度，而且令人喟叹的是几乎每个行业都有自己崇拜的偶像和守护神，充分反映了泛神论的信仰习俗，这使台湾的民俗信仰文化具有其他地域文化少有的特色。

和台湾地区相比，大陆由于主张无神论的主流价值观，加上新中国成立后反复地破除迷信活动，尤其是“文革”期间的“破四旧”，使民俗信仰文化大大萎缩，几乎消灭殆尽。相反，台湾地区的民俗信仰文化却随着经济的提升而日渐热络和繁荣，民俗信仰文化在台湾显得更具生命力，民俗信仰文化已经成为大陆和台湾之间不可割舍的血脉亲情的重要组成部分。民俗信仰文化是群众精神寄托的需要，反映了民众对幸福平安、健康长寿、发达顺利的追求，以及从善的道德观念，是普通百姓精神生活的寄托，应当属于中华民族优秀传统文化的重要组成部分，值得人们关注和研究。

一、台湾地区的民俗信仰文化内容丰富

目前台湾地区民俗信仰文化显现以下特点：

（一）杂存化

台湾地区的民俗信仰名目繁多，呈泛神论的状态。台湾地区民众除了信仰传统的宗教如佛教、道教、基督教之外，更把敬奉孔子的儒家思想作为信仰文化的重要组成部分。此外，就是各种各样色彩纷呈的民间

信仰文化，其中最具代表性的是妈祖信仰和对延平郡王郑成功的敬仰等。另外，由于台湾民俗信仰敬奉的神祇太多，台湾的学界便把它们划分为乡土守护神、职业守护神、恩主守护神、海神守护神、王爷守护神、高僧守护神、观音守护神、明庙信仰等若干类别，每个类别中又都包含多种信仰，粗略估计，总共有大小神灵达上万种之多，这还不包括在台湾民间具有大量信众的洪门信仰，令人叹为观止。

（二）常态化

台湾的每一种民俗信仰都有自己供奉、祭祀的日子。从农历正月初一的“开正”日祭拜天地众神明、列祖公妈开始，到每年的年三十除夕祭祖和祭房舍的守护灵地基主结束，大概有五十次左右的祭祀节日活动，平均每七天就有一次，而且每次活动都不止一天，重大活动长达三天甚至更长。每次活动除了上供、进香、跪拜、燃炮等仪式外，还有金身巡游等活动。比如妈祖巡游全台，每到一处，万人空巷，人头攒动，烟花遮天蔽日，鞭炮震耳欲聋，游行的队伍长达数千米，观光的信众更如潮水一般，不计其数，盛况空前。台湾的民俗信仰文化如今已经是深入人心，成为人们生活中必不可少的一项内容。

（三）世俗化

台湾的民俗信仰文化已经深入到各行各业，行业的职业道德规范、专业要求和对师长的尊重，演化成对传统行业的始祖或庇护者的敬畏感，最后对偶像的崇敬予以规范化和制度化。造神而后敬神，所以在台湾街坊的每一个行业，都有自己祭拜的神灵，而且还不止一个。这些神灵有一个共同的地方就是职业守护神，而各自的守护神来历都十分蹊跷，有的是行业的名人，如医疗业供奉的名医扁鹊、华佗；茶业供奉的《茶经》作者陆羽；司法界供奉的包公。有的是中国民间传统的神灵，如教育界供奉的魁星；警界供奉的土地神；消防队供奉的火神、水神。有的则是民间传说中的人物，如纺织界供奉的织女；陶瓷业供奉的女娲。有的还似乎有点道理，比如屠宰业供奉张飞、樊哙；造纸业供奉蔡伦，酒店业供奉李白等。有的就令人摸不着头脑了，如机械行业供奉铁拐李、糕点业供奉诸葛亮、槟榔业供奉韩愈、有些酒店业还供奉猪八戒等。这一方面只能赞叹他们的想象力，另一方面也由此可以看出，台湾民俗信仰文化的世俗化的确十分典型。

（四）重叠化

由于中国传统的主流思想——儒家思想主张“天人合一”“和而不同”，所以中国的宗教信仰带有很大的包容性，凡外来的宗教均能在中国得以传播，这就形成了台湾民俗信仰文化的多元化和重叠化。很多台湾信众可能既是儒家经典的信奉者，同时又信奉佛教或者是基督教，兼又是民俗信仰的一分子。这就造成了台湾民俗信仰的广泛性，据台湾学者高贤治的《台湾宗教》援引有关数据称，全台湾共有 454.6 万人为道教徒，民间信仰中道教徒应占大多数。若将崇奉祖先、巫术、鬼神和其他神灵及动物崇拜都算作信仰，台湾民间信仰的人数更高达全岛民众的八成。而在台湾的民俗信仰中，妈祖信仰首屈一指，最为普遍，据不完全统计，在台湾地区 2000 多万人口中，信仰妈祖的民众竟达 1000 多万人，为所有民俗信仰中人数之最。而在这众多的信众中，当然不乏其他宗教的信徒，但是这些信众对自己的多重信仰并无不适之处，而社会上也均不以为奇。各种信仰之间也是和平共处，相安无事，形成了你中有我、我中有你、共存共荣的局面。

（五）本土化

由于台湾的居民大都是来自大陆的福建、广东的客家人的后代，所以台湾的民俗信仰也都来自大陆，并且带有浓郁的乡土气息。在台湾的民俗信仰文化中，乡土神占据了很大的空间，比如同为原籍福建泉州的居民，尊崇的乡土神却各不相同，其中三邑籍的惠安尊崇香山王、南安的尊崇广泽尊王、香江的尊崇千手观音、安溪的尊崇尪公、同安的尊崇保生大帝、青阳的尊崇洪祖公，等等；同为漳州籍的，其中漳州府的祭祀开漳圣王、南靖的尊崇关帝圣君、诏安的尊崇三官大帝，等等。民俗信仰文化的细分化，说明了台湾移民对家乡不舍的情怀。

在台湾还有一支拥有相当广泛群众基础的民俗信仰组织洪门，据台湾洪门五圣山山主刘会进所撰《见证洪门三百年》称，目前台湾洪门共有山堂 130 多个，门徒达几十万人。洪门尊崇的偶像是大陆的关帝圣君和五显大帝、洪二和尚提喜禅师等。台湾洪门每年都有两次重要的纪念活动，一是“单刀会”，二是“红花亭结义”，以彰显其不忘祖制的理念。值得注意的是，台湾洪门在军、警、政界及公教人员中十分活跃，具有相当的能量。

台湾的原住民虽然也有自己的文化习俗和信仰，但是寻其根源，原住民和大陆的民俗信仰文化还是有很多共同之处的。如原住民以蛇、鸟为图腾，这都与大陆的古代图腾文化有密切的渊源关系。原住民的崇拜对象大都为自然本身，而不是拟人化的自然神偶像。在他们的宗教信仰文化中，天、地、自然等不必类似于人，但天、地、自然的“灵魂”却都是与人相通的，这和大陆崇尚的“天人合一”的理念是一致的。原住民对祖先的祭祀和尊崇与大陆移民对祖先的敬仰也同样是一致的。

大陆移民来到台湾以后，除了延续祖制供奉传统的神灵，又设立了一些当地的神祇，希望这些本土神界能够给予他们以庇护，这些为数不多的地方神以当地土神和当地瘟神为代表。祭祀当地土神当然是为了丰收，祭祀当地瘟神是因为“惹不起，只好躲得起”，通过供奉以求他不要滋事生祸，从而求得平安。然而从这些新设的当地神祇中，我们还是能够看到大陆民俗信仰的痕迹，因为在大陆民俗信仰中，也有土地神和瘟神。

（六）持久化

尽管台湾曾经过漫长的荷据及日据时期，但是由于台湾民众顽强的信仰文化的持久性，民俗信仰文化仍然是历尽摧残而后重生，并且愈加显示其生命力。即使在荷据或日据时代，忠义双全的关圣帝君、孝慈仁爱的妈祖、民族英雄郑成功，依然是台湾民众顶礼膜拜的对象，非但香火不减，相反，信众与日俱增。据不完全统计，迄今为止，台湾境内的妈祖庙共计发展到600余座，平均每个县、市达25座，而全台的道教观、庙、宫、殿竟达12477座，由此可见台湾民俗信仰文化的生命力。20世纪60年代起，台湾成为经济腾飞的亚洲“四小龙”之一后，经济大幅度提升，人民物质生活水平日益提高，对精神的需求随之增加，很多笃信神灵的台湾人愈加以为是自己的虔诚感动了上苍，于是更加倾情于神灵。台湾的政界人士也在推波助澜，一是为了收买人心，二是也的确迎合自己的精神需要。每逢大事，总要进庙上香，求拜神祇，包括接踵而至的各种选举、拜票等活动。文艺界也是如此，每有新片开拍，导演、演员总要祭拜神灵，以求顺利平安，确保票房价值。社会精英既然做出如此榜样，民众自然趋之若鹜，造成了台湾民俗信仰文化的经久不衰。

（七）娱乐化

台湾的一般民俗信仰活动，都犹如一个盛大的节日，民众都换上新装，扶老携幼，参加盛会。精明的商户也把各种风味小吃、特色食品等商品，带到庙宇附近，还有各种旅游纪念品，信仰用的神像、念珠等，让大家选购、品尝。再加上花车巡游、文艺演出、明星助兴等各种多样的敬神娱人活动，使这些本来宗教色彩十分浓厚的活动变成了一场民众的游乐活动，成为恋人相约、夫妻逛街、好友聚会、亲朋团聚、员工交流的场合。如果祭祀活动恰逢节假日，那就更加热闹，这些本来是民间信仰的场所会变得非常温馨且情趣盎然。所以，很多80后、90后的青年也都来凑热闹，这无形中又使这些民俗信仰文化更加深入人心，并且得以传承，也使台湾的民俗信仰文化更加接地气、近民心、抒民情，更加具有亲和力。民众从中得到的不仅是丰富的视觉享受和温润心灵的感悟，精神信仰上的满足，也是心灵的慰藉与感情的愉悦。当然，各种民俗信仰也通过这些世俗化的活动而更加深入人心，影响更加深远。

二、台湾民俗信仰文化的根在大陆

宝岛台湾自古以来就是中国神圣领土不可分割的一部分，三国时期，大陆就有居民移居台湾，开始对台湾进行开发。宋代以后，台湾属厦门的一个郡，至清代置省。台湾过去的城市建设基本按照大陆的模式，都是东、西、南、北四座城楼连接起城墙，衙门、文庙、城隍庙、关帝庙、水神庙、火神庙、道观、寺院的位置大致都和大陆的某一个县城相仿，愈是历史悠久的城市愈是如此，如台南。大陆的民俗信仰自然也就带到台湾，每逢祭祀的日子，比如祭孔、城隍庙会、关帝庙会等，台湾都和大陆一样举行规模盛大的活动，政府官员也要参加，台湾的民俗信仰文化就这样一代代传承下来。

至于台湾其他多种民俗信仰的偶像，也全部来自大陆，比如影响最为广泛的妈祖信仰，形成于北宋年间，发迹于福建莆田外海的湄洲屿。

妈祖俗名“默娘”，她能预测天气，熟读医书，精研占卜，并以此帮助渔民和客商，深得乡里的信仰、爱戴，生前即被称为“圣女”，去世后被村民立庙膜拜，以后事迹广传，影响越来越大，并且得到官方认同。自元代开始对妈祖予以封谥，以后由于郑和下西洋、郑成功据台以及后来施琅对台的治理，妈祖信仰的影响更加扩大，清代诰封妈祖为“天后”，更得到大陆沿海北从青岛，南至海南的沿海渔民的广泛信仰，其中当然也包括四面环水、以渔业为主的台湾，所以台湾的移民史也就是妈祖信仰文化形成和发展的历史。

台湾的乡土守护神信仰源于闽粤两地的移民，他们远离祖居，赤手空拳来到台湾，异地谋生，由于人地两生，吉凶未卜，总是期望得到神明的庇佑，所以在背井离乡之时，带去家乡的神祇，在移民地重新设坛建庙，这就是乡土守护神的由来。比如潮州籍的三山神，据说是潮州地区有三位忠义护国的勇士，曾救驾隋朝开国君主杨坚，后被册封为开国驾前大将军，但三人星夜挂印，留书隐退，以显神仙风骨。这三位护国有功、爱民庇民的勇士，生前受当地百姓拥护，死后被奉为神明，世代奉祀，从而被人们尊崇。目前在台湾的三山王神庙据说约为 200 多座，日寇据台时期，曾集中焚毁三山主神像，强迫台湾居民改奉日本的大府神宫，但台湾信徒依然冒死保护神像，直至日本投降后，重新迎回神像，并扩建庙宇，至今香火不断，反映了台湾人民拥护中华民族传统文化的意念和决心。

台湾的职业守护神也全部源于大陆，比如教师、公务员尊崇的至圣先师为儒家始祖孔子。仓颉为传说中创造汉字的造字神。魁星乃我国古代神话传说中的二十八星宿之一，主宰文运、文章，是读书人的守护神。而军界的守护神关圣帝君是忠义的化身，能征善战的武将岳飞则是精忠报国、为国捐躯的典型。酿酒业的守护神杜康仙师是制酒的高手，李白和济公则善饮，一个是“斗酒百篇”，一个是“千杯不醉”。医药界的保护神扁鹊、华佗都是一代名医。这些保护神都是各个领域的杰出人物或英雄豪杰，台湾民众出于对他们的业绩和人格的尊重，加以神化，并作为一种信仰，希望通过对这些神化的楷模的敬畏，而能得到他们的护佑。这种追求一方面反映了台湾人民对美好、善良的追求，对扶贫济困、乐善好施、匡扶正义的行为的尊崇，对百业兴旺、生意兴隆的期盼；另一方面也说明台湾民众对自己民族的历史、祖先、文明怀有割舍不断的亲情，对中华传统文化的眷恋和传承。中华文化的根已经深深地扎在他们的心中，他们和其他炎黄子孙一样，分享着老祖宗传下来的这些精神财富，并使之发扬光大。

台湾虽然和大陆隔海相望，但它处于中国历代先民向东南亚、印度洋乃至阿拉伯半岛、非洲东岸探索的桥头堡的地位，是海上丝绸之路的要冲，所以大陆以儒家文化为代表的中华传统文化对台湾文化影响极为深远。这也是台湾民俗信仰文化与大陆民俗信仰文化相接、相似、相亲的原因，很明显，台湾的民俗信仰和大陆之间是源和流的关系。源远而流长，是任何力量都无法加以阻隔的。在改朝换代之时，不愿投降的遗族便退守台湾，以台湾为据点，继续抗争，在这个过程中就把中原的文化带到台湾，致使大陆民俗信仰的各种文化在台湾得以生存和发展。而一代又一代的闽粤两地的客家人不断地向海外移民，也把大陆的文化带到台湾。民俗信仰是文化的一种特定的变形形式，也是文化传播的重要载体，通过民俗文化，中华传统文化更多、更深地影响着台湾民众，为他们的生活习俗打下了深刻的中华传统文化的烙印。

民俗信仰不像一般的宗教信仰，不需要高深的宗教原理，没有宗教那么多的信条，也不需要费工费时的修行，更没有条条框框的戒律，所以在民众中极易流传。民俗信仰先天的优势就是世俗化和功利性，更容易为百姓所接受。中华文化的最大特点就是包容性，主张天人合一，这就为泛神论的广泛传播提供了很多的条件，所以中华民族的民俗信仰文化说到底是一种宗教和巫术的杂糅，是宗教民间化、通俗化、世俗化的衍生物。而在民俗信仰文化中，巫术的成分更高，民俗信仰中尊崇的神祇和偶像与民众的生产、生活都有着密切的关系，所以各行各业都供奉自己的守护神。这就使名目繁多的庙宇在台湾各地大量地修建起来，并鲜明地表现出各种信仰交融的杂存性。反过来说，民俗信仰文化是儒、释、道等宗教信仰为了传播和扩大影响，而适应民间较低层次的文化习俗和文化传统，经过调适而形成的一种新的文化态势。在居于主流地位的儒家“和而不同”的哲学思想指导下，中华传统文化中的宗教信仰和民俗信仰之间始终保持着长期共存共荣、相互兼容、相互依存、相互调适和濡化的关系。尽管民俗信仰需要从宗教中采借一些自身存在和发展的内容，但由于民俗信仰拥有广泛的群众基础，相对于宗教信仰更为民间化、通俗化和世俗化，所以民俗信仰仍然在信仰文化中占据着优势，具有强大的生命力，这一点在台湾民俗信仰中文化中表现得十分充分。

台湾土著原住民也有自己的民俗信仰文化，但是由于土著原住民数量相对较少、居住分散、生活在交通不便的山区且没有自己的文字，仅仅依靠口口相传，后来又受到荷兰和日本殖民者的残酷打压，所以在台湾民俗信仰文化中的影响相对较小，范围有限，在来自大陆的汉族民俗信仰文化的影响和现代文明潮流的冲击下，只能起到标本的作用。台湾土著原住民信仰主要表现为对自然的崇拜，这种崇拜并不以社祭和庙祭的形式出现，而是直接祭拜天、地、山、海，这和中华民族传统文化中的“天人合一”思想是一致的，只不过表现形式不同。台湾原住民的民俗信仰还表现为对祖先的崇拜、图腾崇拜和对部落英雄的崇拜，这些崇拜都表现出中华民族所共有的原始信仰的特点，与大陆南方少数民族的民俗信仰文化十分类似，和中华文明早期的民俗信仰的表现形式完全是一致的，应该属于中华民族传统文化的一部分。

三、留住台湾民俗信仰文化的根

过去我们一直认为，发展两岸关系，首先应从经济入手，然后是文化交流，最后再进行政治协商。但是在实施过程中，却遇到了来自台湾方面的一些阻力，两岸经济关系虽然取得很大进展，但政治议题却踯躅不前，岛内绿营还借机攻击蓝营“亲中”，造成两岸关系的不确定性。因此，未来两岸关系除应偏重经济议题之外，还应更加重视文化、民生议题，减少交流中的官方色彩，更多地采取民间交流的方式，寻找更多的共同因素，加强感情联系，多在亲情上做文章。而民俗信仰文化正是这方面的最佳桥梁，因为台湾同胞在民俗信仰中内心崇拜的偶像，都来自大陆，我们应该在这方面做足文章，强化工作内容和工作方法。

两岸达成“九二共识”之后，文化交流日渐热络，民俗信仰文化更是首当其冲，比如在台湾最为盛行的妈祖信仰，其信众估计约为台湾全岛人口的一半以上，影响十分深远。其实妈祖信仰文化真正引起学术界人士的关注最早是在 1990 年，由福建省社科院和台湾北港朝天宫等单位共同举办的“妈祖国际学术研讨会”被视为首创，之后在台湾和大陆才开始陆续举办有关妈祖信仰的各种研讨和学术会议，有力推动了两岸妈祖信仰文化的互动与交流。

2013 年 9 月，两岸妈祖汇北港的活动在台湾引爆，这次活动首度以挑战世界之最揭开序幕，从大陆迎接的各地妈祖神像在台湾的台中、彰化、云林等地举行了盛大的绕境祈福活动。举办者申报了三项吉尼斯纪录：万人万神大办桌、世界最大狮子头、世界最大八卦鼓。为了让民众更贴切地认识中华民俗信仰文化，主办方以嘉年华形式融合历史人物、民间传说、民俗、民间艺术等元素，为传统民俗信仰增添了光彩，并赋予新的文创价值，提升了中华民俗信仰文化在国际的知名度。自1998年大陆妈祖神像台湾大巡游开始，类似活动愈见频繁和火爆，规模也愈来愈大，场面愈来愈热烈，参与的群众愈来愈多，已经成为每年岛内的一大盛事，大大增强了两岸民众内心的情感交流与认同。

台湾民俗信仰文化中另一极具代表性的关圣君祭祀活动在两岸文化交流中，也占据着重要的地位，号称台湾最高关公立像在桃源县落成，该雕像高13米，用产自大陆福建省的整块巨型青田石，由大陆能工巧匠采用一体成型的雕刻工艺制成，另配9米长、重达600千克的铜铸大刀，安放在桃源县虎头山的明伦三圣宫。这尊巨大的雕像已经成为桃源县的新地标，吸引了不少信众前来顶礼膜拜，标志着两岸开放后民俗信仰文化已经达到了空前规模的程度。

2014年10月15日，在台湾拥有大量信众的另一偶像武当山玄天上帝600年神尊抵台进行巡境活动，台湾道教界人士在台北桃园机场举行了隆重的接驾仪式，108位法师盛装迎接玄天上帝驾临台湾，台湾万千信众翘首以盼的玄天上帝全台巡境活动由此展开。由神轿组成的队伍竟绵延1000米，途经台北市主要街道，并辗转台湾全岛的30多座宫庙，场面热烈，蔚为壮观。在台湾道教界，这种景象是有史以来从未出现过的。

以上所列近年来的祭祀活动仅为有代表性的一小部分，这些活动充分反映了台湾民众寻根谒祖的迫切心情，是台湾省人民本土意识的觉醒，是对故土文化的眷恋和对乡土民俗文化难以割舍的亲情，体现了两岸人民族群融合的民族意识的升华，也充分说明了挖掘民俗信仰文化是一项多么重要和急切的任务。

中华民俗信仰文化根植于源远流长的中国传统文化，其中蕴含的天人合一、道法自然、慈爱和谐、护佑众生、福寿康宁的精神内涵，是善的化身、美的象征、和的愿景。台湾与大陆，人同根，信同源，一衣带水，血浓于水。台湾民俗信仰文化是中华民俗信仰文化的一部分，台湾民俗信仰文化的根在大陆，大陆应当把台湾民俗信仰文化的根留住，把民俗信仰文化作为促进两岸交流，以及和平与发展的桥梁及纽带，发扬民俗信仰文化的普世的价值关怀和积极的现实精神，开展各种形式的民俗信仰文化的交流活动。这既是广大台湾民众的期盼，也必将对两岸人民共同传承中华民族优秀文化，共建中华民族的精神家园，海峡两岸关系的稳步发展和两岸人民的福祉，产生积极而深远的影响。

总之，应当把台湾民俗信仰文化的根留在大陆，作为今后台海工作的一项重要内容。具体来说，可以从以下方面着手：

（1）营造宽松的政治环境。提高政治更新观念，摒弃“一切民俗信仰皆为封建迷信”的观念，落实宗教政策，尊重台湾民众的信仰自由和精神需求，珍惜台湾民众热切希望来到大陆，为自己的信仰寻根祭祖的亲情，把台湾的民俗信仰文化视为中华传统文化不可分割的一部分。

（2）开诚布公地邀请台湾民俗信仰社团、宫庙以民俗信仰的名义来大陆寻根谒祖，为朝拜者提供适宜的政治氛围，优化物质基础，创造良好的接待条件，对凡是以民俗信仰文化为主题的交流活动均持开放态度，以强化两岸“民同根”“神同源”“文化同脉”的事实。

（3）大陆是中华民俗信仰的源头，台湾只是其中的一个分支。可是大陆由于大家都知道的原因，民俗信仰文化被破坏殆尽，很多方面的内容几乎无源可寻，致使很多台湾信众满怀希望而来，扫兴而归。目前应该开展对民俗信仰的遗迹、遗物、物质和非物质的文化遗产的抢救性的保护工作。组织民俗文化的专家，对各种民俗信仰文化的源流进行全方位的搜寻工作。各地方有关部门也应主动配合，进行认真的调查、走访、采集工作，并对现存的遗迹、遗物加以保护、修葺，采取由政府出资、民间集资或向台湾地区有关社团及海外侨胞募集善款的方式，修葺或重修民俗信仰遗址，做到恢复原貌。对占有遗址的单位、个人要加以妥善安排，让遗址有得以重生的机会，并由政府确定为文物保护单位，从法律上予以界定。我们既然要把民俗信仰文化的根留住，就应该确确实实地告诉台湾民众，根就在这里，让台湾民众有根可寻。

(4) 由于方方面面条件的限制，大陆不可能举办类似台湾那样规模盛大的民俗信仰文化活动，如踩街、庙会、巡游、嘉年华等，但应该在条件允许的范围内开展一些对口、对应地区的民俗信仰纪念活动，届时还可以邀请台湾有关方面参加，以形成两岸一家亲、血浓于水的场面。对于台湾岛内进行的有关民俗信仰文化活动，大陆也应该积极派员并组织有意愿的群众参加，以巩固台湾信众根在大陆的信仰，并以此为契机，展开大陆与台湾各种形式的民间交流与合作，以事实印证两岸实属一个中国的理念，使“九二共识”更加深入人心。

(5) 加强对民俗信仰文化的挖掘、整理、研究和开发。民俗信仰文化是中华民族优秀传统文化不容忽视的一部分，它反映了中华民族求善、求真、以和为贵、祈福安康的美好追求，以及对天地自然的敬畏心理和对祖辈的感恩情怀，蕴含着积极向上的正能量，应该给予客观评价和充分肯定。特别在两岸分离的当前形势下，更应该发挥起正面和引领向上的作用，使之为两岸统一大业做出应有的贡献。应该通过加强对民俗信仰文化的研究工作，提高认识，把这方面的工作做得更好，从而把台海工作提高到一个新水平。据报载，2015 年博鳌亚洲论坛新设了宗教分论坛，这一举措应该给我们以更多的启示。

把台湾民俗信仰文化的根留住，是弘扬中华民族优秀传统文化的需要，是当前形势下爱国主义的具体体现，也是台海工作一项义不容辞的任务，我们应该十分重视，并采取一切可行的措施，使之常态化、实效化，为两岸和平统一和实现中华民族伟大复兴的中国梦而努力。

（发表于2015年第3期《皖西学院学报》）

加勒比华文报纸的生态文化[①]

由中美洲环加勒比海的狭长地带以及海中星罗棋布的大小岛屿所组成的国家，像散落的珍珠，点缀着加勒比的蓝天大海，这就是闻名遐迩的加勒比地区。这里拥有白色的沙滩、碧蓝的海水、大片的热带森林，风光旖旎，物产丰富。白人、黑人和亚裔族群在这里和睦相处，共同建设美好家园。尤其是来自太平洋彼岸的华人，为这里的经济发展做出了不朽的贡献。华侨社会所拥有的中文报纸等媒体，在维护华侨权益，加强祖国与侨居国的友谊方面发挥了重要作用。在国际形势风云变幻的背景下，对于华文报纸的生存与发展，应该予以更多的关注，纳入统战和

① 本文系中共安徽省委统战部2014年度理论政策研究重点课题“关于华侨事务工作的有关理论研究”的子课题。

侨务等有关部门的工作内容，同时也为致公党发挥自己的“侨海”优势开辟了广阔的天地。

一、加勒比在我国外交中的重要地位

加勒比位于中美洲，属拉丁美洲的一部分，有二十几个国家和地区。这些国家的共同特点是建国历史不长，国土面积不大，人口数量不多，资源单一匮乏，都曾沦为殖民地，经济很不发达，国家贫穷落后。很多国家国名很长，但面积很小，在世界地图中只是一个小黑点。根据国际货币基金组织提供的数据，在负债与国民生产总值比率最高的十个国家中，有四个属加勒比，这个数字就很能说明问题。但是，由于加勒比地区处于北美大陆和南美大陆衔接的美洲中部狭长地区，面对大西洋，背靠太平洋，著名的巴拿马运河从中穿过，因而战略位置十分重要。加上与美国毗邻，历来被美国视为自己的“后院”，美国与这些国家在很多方面具有天然的联系，对这些国家的政治、军事、经济都有重要影响，这些国家对美国具有明显的依赖性，在国际政治舞台上常常唯美国马首是瞻。

（一）有关各方在加勒比的外交活动日趋活跃

目前我国民众对这些国家情况知之甚少，除了电影《加勒比海盗》之外，大概就是古巴领导人卡斯特罗、传奇人物切·格瓦拉、牙买加短跑名将博尔特、弗雷泽等，可能就再没有什么别的印象了。可是，加勒比海并不平静，加勒比与我们并不遥远，这个地区直接关系到我国的国际地位、国际影响和外交。因为目前在全世界，仍然承认台湾为独立“国家”，并与其保持“外交”关系的二十几个国家中，加勒比就占了一半，这个数字也正好是加勒比国家的一半。近年来，台湾地区领导人频繁出访的也就是这些国家。2013 年 8 月，马英九以参加巴拉圭总统就职典礼为名，出访了海地等五个加勒比国家。台湾为了在这个地区稳住阵脚，巩固地盘，防止崩盘，不惜花费重金，采取“撒钱”政策，利用金钱外交，成为这个地区仅次于美国和韩国后的第三大投资者。在文化教育方面，台湾也多有动作，台“侨委会”曾在近年派出华文教师赴中南美巡回指导华文教学，包括乌拉圭、巴拿马、多米尼加等五国，利用当地侨胞学习华文的热情，乘机扩大影响，并与中国大陆在加勒比举办的孔子学院相抗衡。加勒比已经成为中国大陆和台湾外事争夺的最热络的桥头堡，一些国家在与大陆还是与台湾建交方面举棋不定。当然，有些国家已经发现在大陆和台湾之间左右摇摆是要付出代价的，比如曾与台湾有过“外交”关系的格林纳达，由于中国大陆向当时负债累累、经济濒于崩溃的格林纳达提供了巨额援助，该国与台湾“断交”，并于 2005 年与中国建立外交关系。但 7 年以后，台湾又使出惯用的撒手锏，向该国提出偿还历史贷款的要求，而这时该国经济总值已经不抵台湾的贷款数字，受到了巨大冲击。而圣卢西亚曾在 1997 年与台湾“断交”，但又因经济原因于 2007 年复交。当然，这很好理解，因为国际关系永远处于不断变化的动态平衡的格局之中，一个国家总是要根据不断发展变化的国际形势制定相应的外交政策，从而寻求本国利益的最大化。台湾的黑金政治也确实发挥了作用，尼加拉瓜等台湾“邦交国”在台湾的收买和唆使下，曾连续几年在联合国提出支持台湾重返联合国的提案，并要求列入联大议程，虽屡遭否决，但仍继续发难。

目前，加勒比诸国有团结起来联合在国际发声的趋势，相继成立了加勒比国家联盟和加勒比共同体，越来越多地走向世界政治舞台。2013 年 7 月，加勒比国家共同体发表声明，要求法国、意大利、西班牙和葡萄牙政府对冒犯玻利维亚总统，即拒绝莫拉莱斯总统专机飞越其领空做出解释，并对莫拉莱斯总统表示同情和声援。2013 年 8 月，加勒比共同体决定计划要求殖民地宗主国，包括英国、西班牙、法国和葡萄牙政府为殖民统治做出赔偿，这些举措表现了第三世界人民的团结和觉醒，使那些老牌的殖民主义国家为之震撼。

（二）加勒比已经成为中美外交角力的另一个热点地区

一百多年前，中国劳工就曾漂洋过海，来到远隔重洋的加勒比。华人依靠自己的勤劳节俭、和睦友善赢得当地土著的认可，并逐渐与之建立了密切的关系，华人在当地群众中普遍拥有良好的口碑。今天，随着我国的国际地位和影响力不断上升，中国也拉近了与加勒比国家的距离。虽然相距遥远，中国从未把加勒比视为被遗忘的角落，相反，中国在加勒比的影响日益扩大。目前我国在该地区大量投资兴业，给予高额贷款，帮助当地发展经济，经贸合作进一步加强。我国外事有关部门对中加关系信心满满，做出令人振奋的评估：双方高层交往密切，政治互信不断深化，政治磋商和对话积极活跃，在国际事务中的合作继续加强。双方在彼此关心的问题上相互给予支持，经贸合作迅速扩大，经济技术合作保持良好发展态势。政党之间的交流合作进一步发展，特别是与未建交国的政党交往有所增加。军事交往更趋活跃，司法合作与交流良好，在文化、体育、教育、旅游、科技、卫生、新闻等领域的合作交往日益增多。

2013 年 6 月，首次以国家主席身份对加勒比国家特立尼达和多巴哥进行国事访问的习近平主席在其首都西班牙港宴请了特立尼达和多巴哥、苏里南、圭亚那、多米尼加、巴巴多斯、牙买加、巴哈马、格林纳达、安提瓜和巴布达等国的领导人，习近平和各国首脑共叙友谊，共商合作，共创中加关系美好未来，这说明了中国政府对发展中加关系给予高度重视。习近平主席在访问加勒比时说：“我曾经在 2009 年访问过加勒比海国家。这次特多之行是我就任中国国家主席后第一次访问加勒比。但是，加勒比从未离开过我的视野。”习主席的话，句句掷地有声，表明了中国政府发展中加友好关系的决心。2013 年 8 月，李克强总理在与来访的加勒比国家牙买加总理辛普森-米勒举行会谈时表示：中方将继续从战略高度看待中国同加勒比国家的关系，致力于发展中加全面合作伙伴关系。2014 年 2 月 26 日，习近平主席在钓鱼台国宾馆会见了来华访问的特立尼达和多巴哥总理比塞萨尔，习近平表示，中方愿同特方一道努力，推动两国关系迈上新台阶。2014 年 8 月，国家主席习近平和国务院总理李克强分别会见了加勒比岛国安提瓜和巴布达总理布朗，一致同意推动中安友好合作关系持续发展，提升中国与拉丁美洲和加勒比国家的合作水平，共同维护发展中国家的利益。安提瓜和巴布达国土面积仅有 442.6 平方千米，人口仅 9 万人，是加勒比国家乃至世界上最小和最年轻的国家之一，中安两国的友好关系再次展现了中国政府“大小国家一律平等”的外交理念，也标志着中国与加勒比国家的友好关系又上了一个新的台阶。

2014 年 8 月，由中国政府派出的以北京大学第一附属医院眼科医生组成的“光明行”医疗队来到加勒比地区，首先为多米尼加的近 90 名眼疾患者施行了白内障摘除手术。该国全国仅有一名眼科医生，中国医生的到来为患者送去了光明，受到多米尼加人民的热烈欢迎。医疗队离开前，还为当地培训了医生，并赠送了先进的医疗设备和药品。医疗队还将继续奔赴巴哈马、安提瓜和巴布达等国，继续展开医疗活动。这一活动不但使加勒比地区的人民受惠，也增进了中加人民的相互了解、友谊和感情。

2014 年底，由中资机构投下巨资开凿的尼加拉瓜大运河即将开工，这条预计耗资 400 亿美元的大运河长度是巴拿马运河的三倍，通航能力是它的两倍。运河的通航，将实现尼加拉瓜人民的百年梦想，使该国成为中美洲最富有的国家。新运河将成为拉动加勒比地区经济发展的一个亮点，中国也将获得又一条运输能源的黄金水道，从而使两国实现了双赢。这是中国和加勒比人民友好关系发展的又一见证，当然，不可否认的是，新运河的成功开凿也必然成为由美国控制的巴拿马运河的有力竞争对手。

值得一提的是，中国在加勒比影响力的上升不能不使企图重返亚太的美国感到捉襟见肘，美国的不安当然源于历史形成的强烈的“后院意识”。虽然美国对加勒比传统的影响不可低估，但是，从地缘政治的角度看，中国在加勒比的影响无疑是美国的软肋和痛处。可以预见，加勒比将有望成为除东南亚以外中美角力的另一个热点地区。

二、加勒比华文报纸的现状

海外华文报纸是一个独立的、具有跨文化传播特征的特殊的大众传播媒介体系。它是由在海外定居的华侨创办的，是中国大陆、香港、澳门、台湾以外，以汉字为传播方式的大众传播平面媒体，应该视为中国新闻媒体在海外的延伸。从 1815 年在马来西亚创办的《察世俗每月统计传》这份世界上第一份华文报纸开始算起，海外华文报纸已经有 200 年的历史。但是传媒界的学者认为，创刊于 1854 年的美国旧金山《金山日新录》才是真正具有现代报纸特征的世界上第一份海外中文报纸。20 世纪 80 年代以后，海外华文报纸已经形成了东南亚、北美和欧洲三个发展中心。目前正在运作的海外华文报纸数量在 300 家以上，分布在全球 50 多个国家。

（一）加勒比华文报纸综述

20 世纪初，加勒比地区的古巴、巴拿马等国出现了第一批华文报纸，但现在大多已不复存在。目前经营较好的只有几家，如巴拿马的《拉美快报》《新报》《拉美侨声报》；委内瑞拉的《委华报》《南美新侨报》《委国侨报》；古巴的《华光报》；巴拉圭的《传薪日报》《城市周刊》等。另外大多数加勒比国家至今还没有华文报纸，当地华侨读者除就近订阅上述报纸外，很多华侨订阅的是北美几家传统华侨大报。一般来自中国大陆的订阅《侨报》，来自中国香港和东南亚的订阅《星岛日报》《明报》，来自中国台湾的则订阅《世界日报》。所以，本来不大的加勒比华文阅读市场面临多重分割的局面，这也使加勒比华文报纸的生存发展空间十分有限。

加勒比地区的华文报纸，尤以巴拿马现有的几家最具代表性。巴拿马虽然是个小国，但地理位置十分重要，处于中美洲最中央的位置，著名的巴拿马运河从国中穿过。这里集合了加勒比最具影响力的三家华文报纸：《拉美快报》《新报》和《拉美侨声报》，其中经营最好的当数《拉美快报》。该报创刊于 1992 年 7 月 1 日，是一份由当地华商出资兴办、无党派背景、独立经营的报纸。该报突出特色是比国内对开大报大约窄十厘米，为长条状，这也是巴拿马其他两份华文报纸的共同特点。《拉美快报》的办报宗旨是：弘扬中华文化，坚持一中立场，促进巴中友好，维护侨社团结，传播政经信息，服务于海外华人社会。由于办报指导思想正确，经营管理有方，在现任社长李冰女士和总编辑李勇恩的带领下，已经从最初创刊时的对开四版发展成为每期十六版，头版和八版为彩印的规模。设有《巴拿马新闻》《拉美透视》《国际纵横》《中国大地》《珠江河畔》《港澳动态》《海外华人》《今日台湾》《社会广角》《台前幕后》《体育竞技》《焦点论坛》《拉美副刊》《健康与你》《小说连载》《女人世界》《生活集锦》《文摘精选》《旅游天地》《名人轶事》等众多栏目。报纸一方面照顾华侨的阅读习惯，采用华侨熟悉的繁体字；另一方面顺应潮流，采取大陆通行的横排左起的编排方式。由于内容丰富，独家采访和原创作品较多，报道及时、客观，本土新闻多，图文并茂，报纸在侨界影响较大，发行量逐年上升，是巴拿马乃至中美洲地区发行量最大的华文报纸。该报除在邻国哥斯达黎加设有分社外，订户遍及洪都拉斯、尼加拉瓜、萨尔瓦多、危地马拉、厄瓜多尔、委内瑞拉等加勒比国。

《新报》为巴拿马另一家华文报纸，规模较小。该报为对开八版，一、八两版为彩印，发行量不如《拉美快报》，以巴拿马和哥斯达黎加为主要发行地区。该报栏目有：《拉美消息》：主要报道拉美各国新闻，以巴拿马新闻为主；《哥斯达黎加信息》：因为该报面向哥国，所以专设一个版面报道该国现状；《南粤扫描》：考虑到巴、哥两国华裔族群大都来自广东南部，这个专版主要介绍广东特别是南粤地区的情况；《宝岛动态》：主要报道台湾近况；《港澳透视》：关注港澳最新消息；《社会万象》：主要报道祖国的经济建设及社会新闻；《影视娱乐》：报道读者关注的影视明星及歌星的轶事；《全侨大闷锅》：是侨界发声，表达诉求的一个渠道。报纸也采用繁体、横排、左起的编排方式，在巴拿马和哥斯达黎加侨界拥有一定的读者群。

巴拿马还有一家《拉美侨声报》，自称为“巴拿马内容最丰富的华文报纸”，办得也相当成功。该报为对开十六版，同样采取繁体、横排、左起的编排方式。这家报纸还有一家姊妹媒体——巴拿马中文广播电台，与其相互呼应，构成立体的传播方式。该报栏目有：《拉美动态》：关注拉美特别是巴拿马的新闻；《国际经纬》：刊登全球要闻；《南粤大地》：主要发布以广州、深圳及周边地区为主的广东新闻；《港澳新闻》：

刊载港澳地区社会新闻;《台湾透视》:报道台湾近况;《大千世界》:多为全球性奇闻轶事;《影视缤纷》:为大陆及港台影视界的名人动向;《体育竞技》:报道体坛新闻;《法网恢恢》:关注大陆社会新闻及法制现状;《小说连载》:每期大约同时连载四部华文原创长篇小说;《婚姻生活》:介绍如何应对爱情、婚姻、家庭的各种问题;《侨声副刊》:发表当地华侨自创的短篇小说、散文、诗歌、书法、绘画作品;《娱乐天地》:为消遣性栏目,主要有棋谱、笑话、趣闻、连环画连载等;《中国新闻》:报道祖国经济建设的最新发展。该报以侨界同乡会团体为依托,办报质量值得嘉许。

2007 年 8 月,中国致公党为庆祝我国驻哥斯达黎加使馆正式开馆,派出演出团赴加勒比做巡回演出。在巴拿马演出期间,上述三家华文报纸均十分关注,以极大的热情对演出做了全程跟踪报道。演出新闻均放在头版头条位置,而且都冠以十分醒目的通栏大红标题,并以专版彩色图片刊载演出盛况,表现了对祖国亲人血浓于水的真挚感情。目前巴拿马尚未与我国建交,三家华文报纸的政治倾向由此可见一斑。

委内瑞拉最大的一家华文报纸为《委华报》,创刊于 2000 年 6 月 1 日,目前为周报,每期对开五大张二十版,头版及底版为彩印,该报宗旨为“爱国护侨,服务侨胞,弘扬中华文化,促进中委友谊”。主要栏目有:《焦点新闻》《委国新闻》《大陆新闻》《国际新闻》《台港澳新闻》《广东五邑新闻》《军事体育新闻》《社会新闻》《娱乐新闻》《妇女与家庭》《卫生健康》《论坛》《文摘园地》《趣闻轶事》等。该报编辑阵营力量较强,并拥有一批特约记者和通讯员,遍布全国;独家新闻及原创作品较多,文艺性突出,拥有较广泛的读者群,影响波及邻国亚鲁巴等国。

《华光报》是古巴现有的一份华文报纸,创刊于 1928 年,历史悠久，是加勒比华文报纸的老大哥。该报原名“工农呼声”，后改为现名。但近年来受各种因素制约，没有太多的发展；目前仍为周报，对开一张四版。主要栏目有：《中国要闻》《古巴要闻》《国际新闻》《古巴华社动态》《小说连载》等。由于古巴和我国长期保持友好关系，该报的政治倾向是一直坚定地维护祖国利益的。

（二）加勒比华文报纸的地位和作用

加勒比的华文报纸规模及发行量虽然难以和很多北美、欧洲、东南亚的华侨大报相比，但是在华侨人数相对较少的加勒比，作为本土媒体，产生的影响还是很大的，特别是为丰富当地华人的文化生活发挥了重要作用。加勒比还有一些规模更小的华文报纸，这些大大小小的报纸之所以能够生存，主要是因为能够适应居住国统治者的需要，是当地政府统治华裔族群的宣传工具。这些报纸服从于当地的法律法规和主流文化，是政府和华裔族群沟通交流的重要渠道；是华裔族群避免在居住国被边缘化，能够在居住国参与政治、发声和表达诉求的重要平台；也是侨界维护自身合法权益、表达自我、展现自我、实现与社会沟通交流的管道。华文报纸能满足华人的精神需求和信息需求，服务于华人在政治、社会、经济、文化生活和精神生活方面的诸多要求，对华人在所在国的创业、经商等活动发挥积极作用。这些华文报纸与祖国都有着密切的联系，是祖国与加勒比侨胞建立联络与沟通交流的重要渠道，可以为华人提供有关祖国建设和发展的各种信息，是当地侨胞了解祖国内地情况的重要窗口。华文报纸在传播中华文化，继承和发扬中华文明方面发挥着不可替代的作用，他们能够满足华侨的怀旧思乡情绪。另外，借助这些华文报纸，侨界也可以多方面了解居住国的社会、政治、文化、经济情况，同时也为华人间的沟通交流搭起了桥梁。总之，华文报纸在加勒比舆论界发挥了独特作用，一方面帮助华人融入当地文化，与当地族群沟通融合；另一方面也在宣传中华文化，在扩大有利于中国的正面国际舆论方面做出了积极贡献。值得提出的是，由于加勒比地区国家较多，很多为岛国，相对分散，华侨社会则处于更加分散的状态，在这种情况下，华文报纸在舆论上对华侨社会也起着重要的引领作用。

三、加勒比华文报纸的发展空间

（一）加勒比华文报纸面临的困局

加勒比的华文报纸在组织、专业、市场主导、数量和质量上都和其他地区的华侨媒体存在着较大差距，这首先是由当地华人社会人口数量较少和相对分散的结构造成的。在环境方面，不像北美的华文媒体享有比较自由的发展空间，相反，受政府干预因素较多。华文报纸的生存和发展具有一定的政治敏感性，前途取决于当地政府的政策以及当权者的政治及外交方面的考虑。像巴拿马《拉美快报》这家在加勒比办得最好的华文报纸，因其所在国政府目前尚未与我国建立外交关系，所以生存空间受到一定的限制。在人数有限的华裔族群中，大部分为餐饮业和零售业的小业主，文化程度不高，阅读兴趣和能力有限，不少人为生计而奔波，对政治缺乏兴趣，造成华文报纸的受众面窄、规模小、影响有限，这是加勒比华文报纸生存发展的最大弱点。一些报社在初创时期受经费限制，无法聘用专业人士，于是出现了一人身兼多职，既是社长，又是编辑，要当记者，还要四处拉广告的现象。还有的报社一开始其实是个夫妻档，有的报社是兼营的，负责人主要经营餐馆，同时办报。专业编辑人员匮乏，许多采编人员都是半路出家，缺乏媒体从业的知识和经验，技术粗糙，自撰内容少，少有独家新闻，只能摘抄其他媒体，像个文摘报，更难以进行深度报道了。还有的报纸为了生存，大量登载广告，可读性不强。华侨报业之间的竞争也十分激烈，在本来就限的华文媒体市场环境下的同行竞争愈演愈烈，华文媒体之间也存在互相排斥和挤压的现象。加上经费短缺，经营管理不善等问题，经常出现刚创刊就倒闭的现象。有些报纸虽然还在拼命维持，但由于发行量有限，生存面临极大困难。还有的报纸长期处于停滞发展的状态，难以形成规模，也有出局的危险。由于受到语言的限制，受众人数和类型有限，影响范围有限，加之媒体的网络化、现代化、无纸化的发展，华文报纸在华人中的影响缺乏可持续性。一些规模较小的华文报纸大都为社团服务，服务性信息多，少有新闻焦点和亮点吸引受众。有时大量转载国内官方媒体，会引起所在国政府的警觉。如果观点过激或政治倾向性过强，容易引起中间群众和西方社会的反感，还可能造成华人族群的分裂。加勒比地区政治上动荡较多，华文报纸受所在国的政治环境、社会思潮的影响较大，加上从业人员的政治取向和政治素质，很容易产生主观倾向，特别是如何对中国出现的社会问题做公正、客观、全面的报道。所以，加勒比华文报纸最突出的问题是如何发挥有效的对华人社会的舆论导向力。

（二）加勒比华文报纸生存发展的对策

华文报纸是海外华人软实力的体现，也是中国与世界文化交流的民间使者。华文报纸一方面反对台独，支持祖国和平统一；另一方面深度报道中国的改革开放，对祖国的建设和发展寄于极大关注，同时表现出对中华文化的回归和依恋，是唐人街从封闭走向开放的标志。近年来，一批充满活力的华人新移民以及中资机构在加勒比地区的大量员工，为华文报纸带来了新的素质较高的读者群，这是华文报纸发展的重要基础。

1. 华文报纸要真正融入当地主流社会

华文报纸要生存要发展，首先必须感受和接受所在国的文化，采取兼收并蓄的态度。要努力建立居住国身份意识，促进华人融入当地社会，成为当地社区负责任、有担当的一员。华文报纸应有意识地介绍居住国的历史文化、风土人情、社会形态、经济活动等，促进华人群体与当地居民和谐相处。华文报纸应当成为当地华侨的代言人，目前，总的看来，华文报纸在当地话语权的空间中所占的比重还十分小，与华裔族群的数量不相适应。应当积极参与到当地社会政治活动和社区活动中去，为华人发声。在国内媒体鲜见于国外市场的情况下，华文报纸应当利用侨居在海外的优势，以本地媒体的便利条件，向加勒比人民广泛深入地介绍中国，介绍华裔族群，让当地人民更清楚地了解中国，了解华人。目前的情况说明，华文报纸真正融入当地主流社会还有很长的路要走。华文报纸除了坚持对中华文化的认同外，还应适当调节、平衡和发展中国传统文化与加勒比各民族文化的相互采借和濡化，做到和而不同。

2. 华文报纸应采取的新的姿态

进入新世纪以来，加勒比华文报纸发展呈现新的趋势，一是有关中国内地的信息量扩大。这是为了适应加勒比对中国的关注程度不断提高的情况，中国内地的经济发展、市场运作、投资环境日益成为本不大了解中国的加勒比国民和来自中国台湾、北美等地华裔共同关心的问题，所以加大了对中国的报道力度，拓宽了报道范围，扩大了信息量。二是意识形态色彩淡化。因为人们的注意力逐渐从持续多年的政治斗争转移到当地的社会和经济活动中来，华文报纸顺应潮流，改变报道的态度，逐渐趋向中立。这样做，也有利于争取一部分政治上处于中间状态或不大关心政治的华侨。三是随着华侨数量增加，经济实力增强，华文报纸开始积极参与当地的政治活动。华文报纸已经在当地站稳了脚跟，逐渐向主流媒体转化。四是借助祖国国力逐渐增强的态势，以国内媒体为依托，与内地改革发展同步。华文报纸间的相互配合、相互呼应、协力发展的局面正在形成，并且在邻国之间也相互拓展。

3. 统战和侨务等部门应发挥的作用

针对加勒比华文报纸存在的资金不足、专业人员缺乏等问题和报纸作为传统纸质媒体空间日益缩小的趋势，海外华文报纸从业者以亲身感受，对此提出了不少有建设性的对策，综合资深媒体人提出的意见和建议，统战和侨务等有关部门应积极着手改善华文报纸生存的现状，积极协助开拓华文报纸的发展空间，具体的举措包括以下几个方面：

（1）建立海外华文报纸与国内统战、侨务及宣传等有关部门的沟通渠道，并使之畅通、高效，以便及时了解华文报纸的需求，有针对性地开展工作。

（2）在政策上对华文报纸给予支持和倾斜，在资金上以适当的方式给予一定的支援。为华文报纸从业者回国观光考察和参访学习等提供方便，在他们参与国内传媒界学术研究上给予更多关注。

（3）对于在当地有影响的华文报纸，特别是在加勒比华文报纸中处于领军地位的，应有选择地加以重点支持，同时扶持一些有代表性的华文报纸，对于规模较小、发行量不大但处于重要地区的报纸，也应给予特殊的照顾和支持。

（4）可以采取优惠或免费的方式，为华文报纸提供信息及节目资源，发挥国内媒体正确的导向作用，根据加勒比地区的具体情况，建立长期有效的对华文报纸专供信息的机制。

（5）在华文报纸和国内主流媒体间牵线搭桥，鼓励国内媒体主动伸出手来，与华文报纸合作，建立对口关系，把华文报纸作为自己的服务对象，使这种合作成为自己业务活动的一部分，纳入计划，制定具体的措施，并不断收集来自服务对象的反馈信息，认真总结经验。主管单位应把这种服务作为对媒体考评的绩效之一。

（6）充分发挥华文报纸在为国内企业的海外投资造势方面的优势和独特作用，也可以邀请华文报纸参与到为内地地方外宣服务中去，鼓励内地政府及业界在华文报纸上以广告形式刊登内地招商信息及侨务政策方面的宣传信息。这样既扩大了内地在海外的影响，也为华文报纸增加了广告方面的收益，甚至还可以进一步让华文报纸与国内的广告资源整合，形成资源共享，以增加华文报纸的经费来源。

（7）由国内有关部门牵头，构建海外华文报纸之间的交流平台，加强海外华文报纸之间横向的联系，以促进共同发展和提高。

（8）有关部门还应积极采取措施，组织相关单位为华文报纸提供技术支持、信息咨询及人员培训，提高华文报纸的业务水平和办报质量。

（9）组织国内主流媒体从业人员在条件许可的情况下深入到加勒比华文报纸中去，和当地同行进行面对面交流，体验他们的工作条件和环境，了解他们的需求，以便有针对性地进行帮助。

（10）为扩大华文报纸的受众面，应继续以各种方式大力支持加勒比地区的华文教育，提高华人尤其是第三代华裔族群的汉语水平，培养华裔族群对华文读物的阅读兴趣。

总之，统战和侨务等有关部门应继续密切关注和帮助加勒比华文报纸在全媒体时代的转型，大力推动加勒比地区华文报纸进一步拓展生存和发展空间，和外事部门在加勒比地区的精耕细作相配合，形成掎角之势，以巩固和扩大我国在加勒比地区的影响。

4. 致公党应采取的对策

致公党具有独特的“侨海”优势，党员与包括加勒比地区的海外侨胞有着千丝万缕的联系，长期以来，在服务华侨，加强华侨与祖国的联系等方面一直进行着不懈的努力，取得了很大的成果。在加勒比华侨社会中，洪门、致公堂及其转型后的政治组织民治党目前处于并存的状态，均居于十分重要的地位，百年来，在团结侨胞、维护侨胞的权益方面发挥着重要作用，是华人社会的主要社团力量，并且在当地社区和政界享有很高的威望。洪门和致公堂是美洲致公党的前身，中国致公党的第一代领导人司徒美堂在美洲具有很大影响，致公党充分发挥了这一优势，一直和加勒比地区各国的洪门、致公堂及民治党保持着密切联系，每年都有计划地派出一些代表团前往加勒比地区的洪门、致公堂、民治党“走亲戚”，走访包括华侨报社在内的侨界团体，看望侨胞，了解他们的工作和生活情况，这其中也包括华文报纸的生存和发展状况、面临的困难和需求，帮助华文报纸反映问题，做了大量力所能及的工作，并且代表祖国送去了关怀和温暖。由于加勒比地区尚有不少国家与我国没有建立外交关系，所以，致公党所发挥的这种作用就显得特别重要，具有不可替代的作用。成功的做法还可以“请进来”，比如致公党中央在2012年11月举办的“海外洪门负责人文化研习班暨致公党海外联络干部培训班”，邀请了包括来自十几个国家的洪门媒体负责人，与致公党海外联络干部对口交流，不仅为海外洪门今后在文宣方面的改革发展厘清了思路，也为致公党海外联谊工作在媒体运作方面拓宽了渠道。今后致公党应在这方面继续努力，对华文报纸予以更多的关注，使华文报纸能摆脱困境，得以健康地生存和发展，为当地华侨和扩大祖国的影响发挥更大的作用。

我国已经成为世界第二大经济体，国力不断增强。积极向包括加勒比在内的海外投资，扩大市场，是我国经济发展的重要任务。为了适应这一形势，在海内外的共同努力下，尤其是统战、侨务等有关部门及致公党的通力协作、细致操作，相信加勒比华文报纸一定能在新形势下健康发展，为传播中华文化、扩大有利于中国的正面国际舆论、凝聚华侨的团结、维护华侨合法权益等方面做出新的更大的贡献。

（发表于2014年第3期《阜阳职业技术学院学报》，本文荣获中共安徽省委统战部、安徽省统战理论研究会2015年2月颁发的“2014年度全省统战理论政策研究创新成果三等奖”）

山水文化论

热爱大自然，热爱祖国的山山水水，热爱伟大的祖国，是中华各民族人民共同的情怀。自古以来，中华民族就以自己的祖国有如此之多的好山好水而自豪，至圣先师孔子说过“知者乐水，仁者乐山”，对祖国大好山河的热爱，是中国人民所共有的价值观和审美观。由此而派生出的山水文化，是中华优秀传统文化的一大特色，山水文化所包含的山水崇拜、山水诗、山水游记、山水画等内容，也为丰富中华文化、创造精神文明做出了贡献。

我们伟大的祖国，土地辽阔，山河壮美。黄河、长江，奔腾万里，喜马拉雅山、天山，雪峰高入云端。更有五岳竞秀，黄山奇峰，漓江清流，其他名山大川，比比皆是。秀美的山河，孕育了丰富多彩的山水文化，和五千年的文明交织在一起，成为中华民族传统文化的精神财富。

山水文化是中华民族文化中的一朵奇葩，传统文化中的宝贵遗产，山水文化中蕴含的博大精深的精神内涵，也为传统文化的传承和发展创新，提供了取之不尽、用之不竭的精神营养。在弘扬中华优秀传统文化，加强社会主义精神文明建设，提高全民文化素质的今天，加强对山水文化的研究，已经成为学界的重要课题和义不容辞的任务。

一、山水崇拜

中华民族酷爱大自然，祖祖辈辈和大自然和谐相处，在狩猎时代，古代先民就以山上的野果和野兽充饥。大自然给古代先民带来生活和生产资料，带来健康，带来子孙的繁衍生息和安康。所以，古代先民感恩大自然，敬畏大自然，崇拜大自然。大自然为人们提供的生活环境，就是山和水。俗话说："上山砍柴烧，下水打鱼吃。"山水为人们奉献出无穷无尽的资源，在古代先民的心目中，山水皆有灵性。宗教没有产生之前，古代先民的崇拜对象十分广泛，"泛神论"的思想支配着人们的信仰。除了敬天、敬地、敬鬼神之外，山水也是他们敬仰的对象。在火山爆发、山洪、泥石流等自然灾害面前，或者是突发山火，在密林中迷失方向的时候，更增加了先民对山水的恐惧感，由于不能科学地解释不可抗拒的灾害发生的原因，先民们便把这一切都归结于神的力量，于是对山神、河神的崇拜就自然产生了。在中国传统民俗信仰中，每座山皆有山神，每条河皆有河神，并且建有庙宇、塑有神像，逢年过节，都要为这些山河之神举行祭祀活动。

对山水的崇拜也反映在古代哲学思想里，《周易》把天地分为阴阳矛盾的双方，这就是乾、坤，乾坤又生成雷、风、水、火、山、泽，统称为八卦。八卦相生相克，才有了自然万物。由此可见，古人已经把山水置于极高的地位。

《易经》中“河图洛书”的记载，说明了自有文字可考的历史以来，我国古代先民就认为河之神灵能预示吉凶。《史记》中，西门豹治邺，破除为河神娶妇的陋制，则反映出当时人们已经在思考如何能与河神和谐相处。《楚辞》中，屈原的《湘君》《湘夫人》和宋玉的《高唐赋》以及后世曹植的《洛神赋》，都以梦幻的境界、华美的语言和浪漫主义的表现手法，歌颂了山水之神，在我国古代文学史上留下了光辉的篇章。

我国古代封建统治者认为，名山巍峨，能够通天，传达神的旨意、代表神的意志。所以，据《周礼》记载，自商代开始，君王就有祭祀五岳的活动。五岳就是我国五大名山的总称，即东岳泰山、西岳华山、北岳恒山、中岳嵩山、南岳衡山，其中泰山为五岳之首。封建统治者为了证明自己是神权天授，巩固自己的统治地位，自秦始皇开始，还对泰山进行封禅，并刻石颂德，以图流芳百世，希冀上天的护佑。于是自秦以后，很多君主都对泰山封禅，而自汉代开始，更把封神祭祀活动扩大到五岳，成为帝王巡游的主要活动，把对山水的崇拜推向顶峰。

佛教传入中国后，迅速在我国蔓延，在南北朝时达到鼎盛，所谓“南朝四百八十寺，多少楼台烟雨中”。虽经灭佛运动，但由于佛教影响已经深入人心，所以寺院仍遍布全国，名山皆有名刹，于是便有了香火最旺的“五大佛教名山”之说，即峨眉山、五台山、普陀山、九华山、雪窦山。经过历代信徒的传说附会，认为这五座名山分别是普贤菩萨、文殊菩萨、观音菩萨、地藏菩萨和弥勒菩萨的道场，使人们对山水的崇拜又增加了新的内容。

文明初创时期，为了表现对山水的崇拜，我国远古时代的先民就在悬崖峭壁上用极其概括洗练的笔画，刻绘了很多反映当时狩猎、祭祀等活动的岩画，存留最早的一处，当数现今江苏省连云港市将军崖岩画

《稷神崇拜图》。文字出现以后，刻在石壁上的文字称摩崖石刻，自秦始皇泰山刻石开始，中国历代名人和文人雅士也就有在天然石壁上题款刻石的爱好。自南北朝开始，由于佛教的兴盛，石刻佛像也遍布于名山大川，如北方的龙门石窟和南方的大足石刻。这些石刻文字和造像都具有珍贵的艺术价值和史料价值，同时也为秀美的山川增添了深厚的人文内涵，成为后世游客观赏的对象，更为这些本来就深得人们喜爱的山水增加了灵性。

二、山水诗

“诗言志”，人们对山水的崇拜必然要以诗的形式反映出来。《诗经》里就有歌颂山川的诗句，如“高山仰止，景行行止”“所谓伊人，在水一方”“汉之广矣，不可泳思。江之永矣，不可方思”都以山川寄托美好的情怀。而《楚辞》中更有对山鬼、湘君、湘夫人等山水之神形象的直接描绘，汉魏诗篇中，也有关于山川的歌咏，如《艳歌行》中“语卿且勿眄，水清石自见”，《饮马长城窟行》中“青青河畔草，绵绵思远道”，《四愁歌》中“我所思兮在太山，欲往从之梁父艰”，《长歌行》中“百川东到海，何时复西归”，《秦客诗》中“河清不可俟，人命不可延”，《短歌行》中“山不厌高，海不厌深”，等等。

真正使山水诗成为一个流派，并且在中国文学史上占有一席之地的，还得归功于南北朝时的谢灵运。谢灵运把山水作为诗的独立题材和独立的审美对象，开启了诗的新的表达方式和新的诗风。当然，比之更早的东晋的陶渊明的田园诗中也不乏山水题材的诗作，“少无适俗韵，性本爱丘山”“久在樊笼里，复得返自然”，是他的内心追求，再如“山气日夕佳，飞鸟相与还”“白日沦西阿，素月出东岭”“望云惭高鸟，临水愧游鱼”“采菊东篱下，悠然见南山”都是难得的佳句。但论及对山水诗的贡献还是应该首推谢灵运。当然，谢灵运的山水诗是受了他的叔父谢混的影响，谢混的《游西池》是汇集笔力专门抒写山水的一代佳作，谢灵运沿着他的方向继续发扬光大，才确立了山水诗在诗坛上的地位。

谢灵运的风格明快的山水诗脱胎于枯燥乏味的玄言诗，玄言诗以老庄哲学诠释江南山水之美，有些不大相称，更无成就可言。而山水诗的清新之风竟能化腐朽为神奇，这是文学创作中的嬗变，也代表着改变了社会地位的士族不得不面对现实的一种无奈。谢灵运山水诗的代表作有《登池上楼》《过白岸亭》《登江中孤屿》等，主要描绘了江南永嘉一带的山川秀丽的风光。由于受玄言诗影响太深，谢灵运的山水诗主题比较模糊，带有一些空灵的神秘感，语言也比较艰涩，这当然反映了他当时的苦闷心情和矛盾心理，以及对现实生活的消极态度。但是，散见在他的多篇山水诗作中，仍有不少传之后世的佳句，如“云日相辉映，空水共澄鲜”“近涧涓密石，远山映疏木”“池塘生春草，园柳变鸣禽”“白云抱幽石，绿筱媚清涟”“密林含余清，远峰隐半规”“野旷沙岸净，天高秋月明”“春晚绿野秀，岩高白云屯”“明月照积雪，朔风劲且哀”，这些诗句极富表现力，为后世山水诗的创作提供了范例，丰富了山水诗的创作手法，对山水诗的发展具有十分深远的影响。在文学史上和谢灵运并称“二谢”的另一位山水诗人谢朓，也为后人留下了不少佳作。

唐代是我国古典诗歌的鼎盛时期，山水诗在唐诗中占据着重要地位。初唐四杰中的王勃，就有“长江悲已滞，万里念将归。况属高风晚，山山黄叶飞”的诗句，豪放而悲凉。而张若虚的《春江花月夜》中“春江潮水连海平，海上明月共潮生。滟滟随波千万里，何处春江无月明”，全诗以时空交错的手法，描绘了长江的壮阔、雄浑和永恒，是山水诗的佳作，“孤篇压倒全唐”。陈子昂的《度荆门望楚》气魄宏大，是初唐律诗中不可多得的山水诗作。

盛唐时期，由于老庄隐逸思想和佛学的超脱风气的盛行，加之社会安定和诗人生活闲适，山水诗重新在诗坛上大放异彩，代表人物主要有孟浩然和王维。孟浩然是一个旅行家，他的很多诗作都取材于游历途中，如“木落雁南度，北风江上寒”“天边树若荠，江畔洲如月”“绿树村边合，青山郭外斜”“野旷天低树，江清月近人”“八月湖水平，涵虚混太清。气蒸云梦泽，波撼岳阳城”等诗句，极具描绘性。而王维的山水诗，自然而脱俗，恬淡而清幽，把山水诗提高到一个新的境界，如“江流天地外，山色有无中”，十分壮美，而“空山不见人，但闻人语响”“深林人不知，明月来相照”“涧户寂无人，纷纷开且落”更把读者带入一个超脱的意境中。王维山水诗中最具代表性的佳作《山居秋暝》：“空山新雨后，天气晚来秋。明月松间照，清泉石上流。竹喧归浣女，莲动下渔舟。随意春芳歇，王孙自可留。”清新秀丽，恬静优美。苏轼所评“诗中有画，画中有诗”，真是评得恰到好处。

诗仙李白在山水诗方面也有不少传世之作，如《蜀道难》《望庐山瀑布》《梦游天姥吟留别》《将进酒》《黄鹤楼送孟浩然之广陵》《关山月》《望天门山》《独坐敬亭山》《早发白帝城》《江上吟》等，都是不可多得的山水诗篇。而诗圣杜甫的《登岳阳楼》《望岳》《登高》《旅夜书怀》《秋兴八首》《醉歌行》等也都为山水诗增添了宏伟的篇章。诗魔白居易在山水诗方面也有不少力作，如《琵琶行》中关于江水秋月的描写，以及诸如“日沉红有影，风定绿无波”“一道残阳铺水中，半江瑟瑟半江红”“风吹古木晴天雨，月照平沙夏夜霜”“风翻白浪花千片，雁点青天字一行”“日出江花红胜火，春来江水绿如蓝”“松排山面千重翠，月点波心一颗珠”“汴水流，泗水流，流到瓜洲古渡头，吴山点点愁”都是脍炙人口的名句。

唐诗中关于山水的佳句，可圈可点的还有岑参的“一川碎石大如斗，随风满地石乱走”、钱起的“曲终人不见，江上数峰青”、杜牧的“二十四桥明月夜，玉人何处教吹箫”、李商隐的“桐花万里丹山路，雏凤清于老凤声”、韩愈的“江作青罗带，山如碧玉簪”、李贺的“燕山月似钩”、贾岛的“云深不知处”、刘禹锡的“白银盘里一青螺”“九曲黄河万里沙”“沉舟侧畔千帆过”、韦应物的“野渡无人舟自横”、王之涣的“黄河远上白云间，一片孤城万仞山”、柳宗元的“千山鸟飞绝，万径人踪灭”、温庭筠的“万顷江田一鹭飞”“江山柳如烟”、刘长卿的“万里望孤舟”、元稹的“驾浪沉西日，吞空接曙河”、皮日休的“万顷湖天碧，一星飞鹭白”、韦承庆的“山远疑无树，潮平似不流”、杜审言的“云霞出海曙，梅柳渡江春”、张继的“月落乌啼霜满天，江枫渔火对愁眠”、张志和的“西塞山前白鹭飞，桃花流水鳜鱼肥”，等等，不可胜数。总之，山水诗是山水文化在诗歌创作中的丰富而多姿多彩的生动写照。篇幅所限，宋以后的历代山水诗词就不一一赘述了。

三、山水游记

人们热爱大自然，热爱祖国的山川，自然就有记录山水秀美的文字，于是以描绘祖国大好河山为题材的一种文体——山水游记便出现了。东晋陶渊明的《桃花源诗并记》可以看作是文学史上出现较早的山水游记，虽然有诗有文，但仍可把它看作是一篇游记来读。陶渊明在这篇短文里为我们描绘了桃花源式的乐土，很多学者认为这只是抒发了作者的理想，甚至是“小国寡民”的空想，现实中并不存在。这些说法十分牵强，战乱年代，百姓去人迹罕至的地方避乱，并不少见。据考证，作者描述的湖南桃源有座绿萝山，山下有绿萝潭，沿潭乘舟西去可达绿萝江，江边有座桃花山，山腰有桃源洞，洞处两峰之间，有天然石桥架于泉上，泉汇至小潭即为桃花潭，沿桥即可进入洞内一片开阔的世界，青山绿水，田园相连。据此可见陶渊明笔下的桃花源并非单凭想象，而确实有描绘的对象和实景。至于文中反映的思想，是对豪强和战乱的否定，代表人民的意愿，因而是值得肯定的。

最早出现的山水小品可以上溯到南北朝时陶弘景的《答谢中书书》："山川之美，古来共谈。高峰入云，清流见底。两岸石壁，五色交辉。青林翠竹，四时俱备。晓雾将歇，猿鸟乱鸣；夕日欲颓，沈鳞竞跃。实是欲界之仙都，自康乐以来，未复有能与其奇者。"以及吴均的《与朱元思书》："风烟俱净，天山共色。从流飘荡，任意东西。自富阳至桐庐，一百许里，奇山异水，天下独绝。水皆缥碧，千丈见底。游鱼细石，直视无碍……"吴均还有《与施从事书》《与顾章书》，虽然都是属于短札的形式，且用骈体，但描绘景色，清新如画，可以和二谢的山水诗媲美。北魏郦道元的《水经注》中的《水经·江水注》中的《巫峡》篇是出现得比较早并且比较完整的山水游记。这是一篇散文，虽然只有二百来字，但把巫峡的奇峻和江水的流急以及四时景色的多变描绘得淋漓尽致。他的这篇山水游记不但直接影响了李白的诗作，并且也为唐代柳宗元、宋代苏轼的山水散文开了先河。

在山水游记方面柳宗元是一位多产的散文家，他的"永州八记"自成系列，即：《始得西山宴游记》《钴鉧潭记》《钴鉧潭西小丘记》《至小丘西小石潭记》《袁家渴记》《石渠记》《石涧记》《小石城山记》，篇篇隽永，字字珠玑，写景生动，格调清新。虽然是假借山水的游览，以排遣心中的郁闷，将美好的志趣寄寓山水之间，但给读者留下的，却是对山水美景的欣赏和陶醉。

宋代是山水游记比较繁荣的时期，大家辈出，佳作林立。范仲淹的《岳阳楼记》虽然只是面对一幅山水画卷临写的，但由于作者的妙笔生花，凭着自己年轻时曾在洞庭湖边生活的积累和超凡的想象，竟把烟波浩渺的八百里洞庭湖写得气象万千，令人叹为观止。其他如欧阳修的《醉翁亭记》、王安石的《游褒禅山记》、苏轼的《赤壁赋》《石钟山记》、晁补之的《新城游北山记》、陆游的《入蜀记》、沈括的《梦溪笔谈·雁荡山》等佳作，皆是山水游记中的典范之作。

宋代以后，山水游记日渐衰微，明代唐顺之的《任光禄竹溪记》、袁宏道的《满井游记》、徐弘祖的《徐霞客游记》、张岱的《西湖七月半》，清代方苞的《游雁荡记》、姚鼐的《登泰山记》都是游记中的佳品。而在现代山水游记中，不得不提的是，我国园林建筑大师、同济大学教授、博导陈从周先生的游记散文集《书带集》《春苔集》，其中收集了先生的山水游记近百篇，皆为现代山水游记的典范之作。先生不仅亲自指导设计修复建造山水园林，并且致力于整理我国山水园林的文化遗产，在理论上更是屡有建树，享誉海内外。先生已经仙逝，生前曾与笔者有一段文字之交，这篇浅文，也算是对先生的纪念吧。

四、山水画

山水画是我国传统文化艺术中独树一帜的奇葩，在世界艺术史上绝无仅有。西方的油画、水粉和水彩画中虽然也有风景画，但单独把山水作为创作题材，并成为一个画种，包含多种流派和风格，汇集多样创作手法的绘画艺术，只有中国才有。这是我国的国粹，也是中华民族对世界艺术宝库的伟大贡献。

伴随着对大自然和山水的崇拜意识，新石器时期的河姆渡文化，开始有了用线条和图案的方式记录自然景象的行为。半坡文化中的几何装饰已有了对称、变形的手法。龙山文化开始以岩画的形式反映古代的农耕生活及自然环境，在陶器上也有了渔猎的图案，说明当时的人们在努力表达着人与自然的关系。青铜时代的器物上，出现了山水图案及纹饰。而汉代出土的熏香炉，就有一种是对山水的形体直接的描摹。

据考证，我国史料上记载最早的画家为一位才女——画嫘，她也可以称为山水画的祖师。据《汉书》《画史会要》等文献记载，画嫘是舜的妹妹，《列女传》还称她“造化在心，别具神技”。春秋时期的曲阜石刻《庭院图》中已经有立体构图的创作手法，而汉代画像砖的《弋射收获图》开始把意境作为艺术表达的目的，是山水画的最初萌芽。在以后出土的墓葬壁画里，都有表现山水的画面，但是仅作为人物活动的陪衬，还没有单独成为一种画种。真正使山水画登堂入室，开始作为一个单独的门类出现的是东晋的画家顾恺之，他把山水画提升到一个新的境界。他不但是一位优秀的人物画家，为后世留下了精美的《洛神赋图》和《女史箴图》，而且首开山水画的先河。在《女史箴图》中，有一段绝美的山水画作，是前所未有的。在理论上他也有建树，他的《画云台山记》是山水画理论的奠基之作。而真正建立起中国山水画理论体系的是宗炳的《画山水序》和王微的《叙画》，这两篇文章确立了山水画的透视原理和空间视觉原则，对后世山水画创作的影响十分深远。

山水画从一开始就深受山水诗的影响，山水画从开始出现就和山水诗结下了不解之缘，成为中国山水文化的并蒂莲。国画历来就有在画上题诗的创作传统，很多山水画家的创作灵感都是从山水诗中得来的，而且两者的有机结合，相得益彰，也是双方都追求的目标，所谓“诗中有画，画中有诗”被视为诗和画的最高境界。山水画受山水诗的影响极深，在创作思想上都追求空灵、宁静、超脱，反映了人与大自然和谐相处的哲学观念。在布局谋篇上都讲究“留白”，诗追求“此时无声胜有声”，画追求“江流天地外，山色有无中”。“留白”就是留给欣赏者以更多的想象空间和思考余地，以达到审美客体和审美主体的高度统一。另外，古代诗文传统的“气韵”之说也给山水画创作极为深刻的影响，所以中国的山水画被称作“文人画”，很多山水诗人又同时是山水画家，比如王维。

早期山水画创作中，起领导地位的是隋代的画家展子虔以及他的代表作《游春图》，在他的笔下，春天的山川万木争荣，峰峦滴翠，青草茵茵，一派生机，而山水画的基本创作方式——散点透视法也在这幅画作里得到反映。他的这幅佳作是我们目前能看到的历史最为久远的唯一一幅山水画。后世的很多画家对山水画的创作理论不断加以丰富，五代时期的荆浩在《笔法记》和《山水诀》中指出：山水画的创作要师法自然，“以真为师”；在技法上，他提出了勾皴结合的运笔方法；在构图上，他提出了重叠透视的全景模式；在评价上，他提出了“气质俱佳，六要齐全，二病全无，四品具备，且具天成”的佳作标准。后世山水画家在他的基础上，通过创作实践，总结出山水画作特有的不同皴法，如披麻皴、斧劈皴、雨点皴、卷云皴等共达 16 种之多。此后山水画创作技法从青绿山水开始，又出现了金碧山水、没骨山水、浅绛山水、波墨山水、米点山水等技法。中国传统文化历来就有“书画同源”之说，书法艺术的用笔技法对山水画也有很大影响，使山水画法更加多姿多彩。在题材上有大堂山水和山水小品之分，前者为全景式的层峦叠嶂，后者为特写式的山水一角。风格也多种多样，在不同历史时期还出现了很多不同的流派。

隋唐时期，山水画已经发展到成熟阶段。盛唐时期，以吴道子为代表的画家以洗练写实的笔法把山水画提升到一个新水平，这一时期的佳作有李思训首创的金碧山水画《江帆楼阁图》。而在中晚唐时期，又出现了水墨山水，拓展了山水画的表现力。到了五代和宋初，一批优秀的山水画家更把山水画的创作提高到了一个顶峰，传世之作有关仝的《关山行旅图》和董源的《潇湘图》。这一历史时期山水画还分成了南北两派，北派以荆浩、关仝为代表，南派以董源和巨然为领军人物。到了北宋时期，又发展为以李成、范宽为代表的中原画派和以郭熙为代表的院体山水画，名作有范宽的《雪景寒林图》和李成的《读碑窠时图》。而在北宋晚期又出现了米点山水和青绿山水，以及南宋四大家为代表的南宋院体画派。王希孟的《千里江山图》是这一时期山水画史上的不朽作品。元代的四大家对山水画发展的最大贡献就是完成了山水画中“诗、书、画”的协调统一，使三者成为一幅佳作中不可缺少的元素，最终形成了画作、落款、题诗、钤印、装裱的全息山水画固定模式，影响直至今日，黄公望的《富春山居图》是这一时期的代表作。明中期出现的吴门画派注重写实和构图的观赏性，把山水画提高到又一新的境界，代表作有沈周的《庐山高》。明末董其昌把书法创作的法则引进山水画的创作，而清代以后，另一位山水画大师石涛则强调注重自然。历代山水画创作的理论和实践为近代山水画家黄宾虹、李可染等对现代山水画的创新提供了扎实的基础。悬挂在北京人民大会堂的巨幅山水画《江山如此多娇》是现代山水画的扛鼎之作。

山水画不仅展现了祖国大好河山的自然美，也同时反映了中国人民的自然观及审美意识、生态意识和环保意识，为丰富中华传统山水文化的内涵增加了光彩。

“江山如此多娇，引无数英雄竞折腰。”古往今来，多少英雄豪杰、仁人志士，为了祖国的大好河山更加壮美，而不惜抛头颅、洒热血，抒写出波澜壮阔的中华民族英勇奋斗的历史，值得人们永远怀念。祖国的锦绣河山象征着华夏儿女自尊、自立、自信和自强的精神，是中华民族之魂。今天，中国共产党带领中国人民为建设美好中国而继续着前人未竟的事业，习近平主席反复强调，我们既要金山银山，也要绿水青山；不要金山银山，也要绿水青山；绿水青山就是金山银山。这体现了我们党十分看重自然环境、重视环保、治理污染和实现美丽中国的决心，使我国的山水文化有了更高的层次和更新的内涵。对我国特有的山水文化进行认真整理和研究，必将增强民族的自信心，鼓舞人民的斗志，为实现中华民族伟大复兴的中国梦做出应有的贡献。

（发表于 2015 年第 2 期《阜阳职业技术学院学报》）

再论山水文化

山水文化是中华民族传统文化的重要组成部分，其形成和发展的历史十分久远，内涵丰富多彩。由对山水的崇拜、景仰而产生对山水的歌颂，进而采用文学艺术的手法加以表现，于是就有了山水诗的辉煌和山水画的宏伟，这些在《山水文化论》中已经做了论述。而由山水诗和山水画催生出的对大自然和山水的审美意识和欣赏方式，又深深地影响着艺术创作的其他领域。在山水诗的意境追求和山水画的构图指向的指导下，山水文化领域又出现了山水装饰和造型等山水文化新的表现形式。人类进入工业化社会以后，山水文化随之出现了与现代文明相适应的新内容，如山水钱币和山水邮品。发展到今天的信息化时代，山水文化有了一种崭新的表现手段，即山水实景表演。这充分说明了山水文化的内涵的确博大精深，值得人们重新了解和认识。大力弘扬我国特有的山水文化，也是讲好中国故事的重要内容之一。

一、山水装饰

自古以来，中华民族热爱山水，崇拜山水，所以，无论是彩陶文化还是青铜文化，都有山水纹饰或图案作为装饰。考古发现，汉代的雕刻、石刻、墓葬壁画上，就有山水装饰的图形。随着山水画的形成和兴盛，山水装饰大量出现在各种工艺品上，如瓷器、建筑、木雕、刻砚、丝绸纺织品的纹样、服装等绣品及生活器皿等。

我国从古代开始，就有以熏香洁净室内空气的习惯，考古发现，在青铜文化中，就有香薰炉出现，而其中一种山水香薰炉由于造型美观，构造合理而实用特别受到人们的青睐。佛教传入中国后，佛事活动中需要焚香，于是各种材质的山水香薰炉大行其道，有银嵌的、刻铜的、陶制的、葫芦刻制的，等等，而瓷器的绘有山水图案的则更为流行，著名的元代的青花瓷中就有大量的山水图案。从清代开始，一种被称为“浅绛山水彩陶”的香薰炉更是以制作精美而被列为上品。因其绘制的山水画淡雅清新，有古代山水画的格调，色泽以接近山水的淡赭、浅绿、淡蓝为主，釉色莹润，而深为玩家珍爱。另外一种以玛瑙红绘制的山水香薰炉以其线条细腻、装饰性强而取胜，也是收藏的对象。其他还有绘制或雕制以山水图案为主的各种材质的文具，如砚台、笔筒、镇纸、笔洗以及与生活起居相关的扇子、餐具、家具等，在我国也十分常见。

从建筑上看，我国古代建筑多为砖木结构，所以砖雕、石雕、木雕及油漆彩绘等工艺手段被大量运用在古代建筑上。传统建筑十分讲究装饰，无论是门、窗、柱，还是斗拱、墙壁，都是建筑师发挥聪明才智之处，而山水也就成了这些装饰内容的重要题材。从汉代的砖刻、壁画开始，人们就在建筑物上描绘山水风景，受魏晋南北朝文人山水画的影响，山水图案在建筑物上的描绘更是常见。从至今仍保留完好的古代建筑物，如故宫、承德避暑山庄、颐和园、苏州园林、西藏布达拉宫及各处名刹庙宇中，都可以看到反映祖国秀丽山川的各种各样的山水装饰，而这些装饰也为古代建筑增添了无穷的文化内涵和艺术魅力。

在我国传统的玉雕工艺中，有一种叫“玉山子”，其实就是用雕刻手法雕刻的山水景观。据史料记载，我国在金元时代就十分流行这种玉雕作品，元世祖忽必烈曾令皇家玉工雕制出一件巨型玉山子，名为渎山大玉海，又称玉瓮，这件工艺品除作为摆设外，还是一种盛酒的器具。清代由于皇家注重收藏玉器，玉雕作品极为丰富，著名的《大禹治水》玉山子为乾隆钦命雕刻，这件巨型玉雕以新疆特产整块和田玉雕成，重达十万余斤，运用了浮雕、镂空雕、透通雕等手法，雕工精美，堪称世界之最。受皇家影响，玉山子在清代民间也十分流行，大多作为摆件陈设在厅堂。雕刻的玉件山峦重叠，苍松翠竹、小桥流水、古道夕阳等胜景，美不胜收，更难得的是雕工巧妙地运用玉石本身的形状和色泽，表现出一幅幅立体的山水图画，深受玩家喜爱。

除玉器雕刻山水图景外，我国传统的木雕、竹雕、骨雕、砖雕、砚雕、石雕、牙雕中很多也都是以山水作为题材。特别是产于福建的寿山石，作品大都为山水图形，意境常以山水诗为典范，构图则以山水画为摹本，有很多传世的好作品。另外，我国一些特有的民间工艺如刻铜、刻瓷、紫砂壶、鼻烟壶、景泰蓝等，也都有大量的山水题材的作品。这些工艺品贴近生活，贴近人民群众，受到百姓喜爱和收藏，充分反映了山水文化已经深入到人们的衣食住行，成为大众生活的一部分，也说明了山水文化作为中华民族优秀传统文化的组成部分，不是一个偶然的现象。

在我国独有的丝绸艺术发展史上，山水图案和纹饰也是纺织纹样和刺绣纹样的重要题材，从反映当时生活状况的宋元玥清小说中，可以窥见当时的衣饰及绣品中有很多关于山水图案的描述。在古代官吏的官服上，山水图案也是主要的装饰题材，特别是皇帝的龙袍，为表现统治天下，山河永固，更是绣上了大面积的山水图案，这是皇帝装束的一大特征。

2015 年北京 APEC 会议上，按照传统，主办方应赠送与会各国领导人及其配偶一套服装，习近平主席及夫人彭丽媛作为东道主，赠送的礼服称为“新中装”。设计指导思想为：其根为“中”，其形为“新”，其魂为“礼”。每一款均形成系列以供选择，其中男领导人为“立领、对襟、连肩袖、海水江崖纹、宋锦面料”上衣；女领导人为“立领、对襟、连肩袖、海水江崖纹、双缎面料”上衣；女配偶为“开禁、连肩袖外套、内搭立领旗袍裙”。不难看出，这套“新中装”充分体现了中国气魄和中国风格。值得注意的是，男、女领导人的服装里都有“海水江崖纹”这一重要元素。海水江崖纹饰是我国传统山水纹饰，多用于皇帝的衮服上，衮服中具有山的图形，是因为山能行雨，人所仰望，取其镇重之意。海水江崖纹，是一种传统纹样，图案下方排列着代表海洋波浪的曲线，称为“水脚”。在水脚之上，有表示浪花的图形，而在海浪之上，矗立着以坚硬线条构成的岩石图案，山水组合，称之为江山。海水江崖纹多用于龙袍，有福山寿海、山河永固的寓意。

北京 APEC 会议赠送给各国元首及配偶的服装中的海水江崖纹饰元素传达的信息，和习主席在会议上所提出的新丝绸之路经济带的战略构想是一致的。丝绸之路有陆路和海路两条，而海水江崖正是这两条道路的象征。新丝绸之路的战略构想，既是对历史文化的传承，也是对所涉及区域的巨大潜力的开发，这一构想推进了欧亚大陆贸易便利化。深化经济技术合作，建立自由贸易区，实现新丝绸之路经济带建设的宏伟蓝图，必将造福于人类，进而实现“中国梦”“亚洲梦”“全球梦”的伟大理想。亚欧大陆山连山，水连水，自古就有贸易往来、文化交往的传统，而海水江崖纹饰图案被隆重地装饰在 APEC 会议领导人服饰上，正是中国传统山水文化所寄予的“仁”“和”思想的具体体现。

二、山水园林

山水园林是由建筑、山水、花木等浓缩组合而成的综合艺术品，是通过筑山、叠石、理水、植树、种草而营造出的景观，是中国特有的园林艺术。虽由人造，宛自天成，人工造化相结合，富有诗情画意，堪称实体的山水诗，立体的山水画。

山水园林始于殷商，最初称囿。秦汉时代，从囿苑发展到宫苑，而民间园林则盛于明清。我国山水园林主要集中于苏州。苏州是一座历史名城，也是一座文化名城，更是一座园林名城。苏州园林是中国山水园林集大成者，也是山水园林的代表。苏州园林之多，园林之美，在全国首屈一指，堪称天下闻名。据史家考据，苏州最古老的山水园林当数春秋时吴王寿梦的“夏驾湖”。苏州园林大都为私家园林，后经历代主人苦心经营，能工巧匠反复修葺，愈加精美。园林主人大多为权贵富豪，文人墨客。他们往往不惜重金，四处搜罗奇石花木，精心打造园林，逐步形成园中有画、画中有诗的艺术风格。明代出现了山水园林方面的理论专著，如计成所撰《园冶》一书，提出了“片山多姿，于石生情”的主张，叠山要“有峰有峦”，理水要“有分有合”，“虽由人做，宛如天成”，要“小中见大，以少推多”“以虚代实，直中求曲”。“疏密相间，藏中有露”的见解，对后世山水园林的建造，具有指导意义。经过后代热心园林人士的努力，苏州园林至民国时期已臻成熟，成为我国园林建筑艺术的精华和代表。清朝末年，首届世界博览会上，在中国展区内，曾以苏州园林为标本，仿制了一个微缩园林，令各国参观者为之倾倒。从此，苏州园林更是名扬四海，显示了中国人民的聪明才智，大长了深受列强欺侮的中国人民的志气。近年来，由于旅游业的飞速发展，文物主管单位在古园林专家的指导下，对苏州园林进行了全面整修，使苏州园林成了人们旅游观光的胜地、赏心悦目的佳境。现在，苏州园林已经被列入“世界遗产名录”，成为中华园林文化的经典。世界遗产委员会这样评价苏州园林：“没有哪些园林比历史名城苏州的园林更能体现出中国古典园林设计的理想品质，咫尺之内再造乾坤。”

人们常说：“上有天堂，下有苏杭。”苏州能与天堂媲美，主要也是借重于园林胜景之美。据说苏州现在保存完好的园林有八十多处，而最具有代表性的是沧浪亭、狮子林、拙政园和留园，分别代表着宋、元、明、清四个朝代的艺术风格。

沧浪亭位于苏州城南，为宋代诗人苏子美所建，曾为南宋抗金名将韩世忠的住宅，是苏州历史最悠久的一座名园。园内以一座小山为中心，有沧浪石亭坐落山上，园因亭而得名。“沧浪”语出《楚辞》，“沧浪之水清兮，可以濯吾缨”，从园林命名足见主人学识及追求。园内建筑环山布置，楼台参差，飞檐高挑。山上古树参天，苍虬盘曲，山下风篁丛生，藤萝蔓挂。竹柏森森，花卉荫翳，具有深山茂林的野趣。园内巧用“借景”手法，以花窗镂空，使景入窗扉，此为“借景”中的“近借”。园林还借外景广阔澄洁的水面与园林山景融为一体，山凝翠，水波平，山光水色，相得益彰，有“松高风摇枝，水静云影明”的意境，此为“远借”。沧浪亭在布局上独树一帜，故后人造园，从中多有借鉴。

狮子林位于苏州城东北部，始建于元至正年间，原为画禅寺的一部分。因园内湖石假山石峰林立，其中很多状似姿态不一的狮子，因而得名。大画家倪云林深爱其景，曾作《狮子林图卷》。清康熙帝、乾隆帝下江南时几次来游。全园结构紧密，东南多山，西北多水。长廊回绕，曲径通幽。峰峦峻奇，楼台隐现，在苏州园林中风格别致。狮子林的假山洞壑设计奇巧，曲折幽深，人行其间，如入迷宫，疑无路处，豁然开朗。园内叠石累累，峰石峥嵘，形态各异，有突兀苍古之势，或清逸秀润之态，令人目不暇接。园外引来涓涓清流，汇成池水碧波荡漾，清池鉴藻，游鱼嬉戏。池边有亭，倒影水中，游客可依亭观鱼，闭目听松。建在岸边的石舫，蓄势待发。绕墙而筑的回廊，引人入胜。这样的设计，使有限的园林变得通达宽绰，以有限面积，造出了无限空间。

拙政园位于苏州娄门内，是苏州最大的园林，被誉为“中国园林之母”。明正德年间御史王献臣始建。著名书画家文徵明曾作《王氏拙政园记》和《拙政园图》与题咏，太平天国时属忠王府。园分东、中、西三部分，水面约占全园面积的三分之一。建筑大都临水面池，尽收山水景色。东园假山与池水相交错，水浸湖石，石润生苔；危岩探池，池水碧透，水绕山而成景，山映水而如画。又有馆、堂置于其间，为山水之点缀。西园流水九曲，亭阁傍水而建。衬以茂林古木，湘竹楚兰、老枫颓柳、芳草野花。曲径回廊，凌波而过。廊引人随，顾盼皆如画，景色各不同。中园以荷花池为中心，池中有小岛两座，各有一亭，与池南岸的远香堂互相照应。池中荷叶田田，绿云摇曳，荷香四溢。有亭临水，名为“荷风四面亭”。人在亭中，宛若置身阵阵荷风、荷香袭人的意境中，此亭命名实在恰到好处。中园为全园精华所在，山明水秀，亭榭精美。池广树茂，平桥低栏，景色自然，具有江南水乡风格。全园以荷为主题，设景题款，大都与荷有关，也是一大特色。

留园坐落在苏州城阊门外，始建于明代，又称寒碧山庄，以空间处理得当而居苏州园林之冠。在一个园林内能领略到山水、庭院、田园、山林四种景色，实属难得。在建园设计上，确有独到之处，足见营造者之功力。留园内建筑之多为苏州园林之首，而亭台楼阁营造之考究也是十分难能可贵。留园的中部为一泓深池，水绕山成景。环池堆石造山，楼阁互见，虹桥卧波，水光潋滟，长廊相接，曲如北斗。亭台处处皆临水，屋宇虽多不碍山。东部以建筑见长，亭台交错，楼阁掩映，花墙间隔，庭院深深，古树参天，华盖如云，又有奇石嶙峋，修竹玉立，可谓面面皆画，处处有情。庭内陈设，华美高雅，难得一见。水池之滨，立有三座太湖巨石，堆砌成山，皆以“云峰”命名。其姿态劲峭玲珑，堪为石中极品。北部石阶古道，芳草萋萋，老树苍劲，绿藤缠绕，看纤腰杨柳，听百啭黄莺，犹如来到江南农村，又有盆景园，足可览胜。西部为一土石相间的假山，在茂密的枫树中，粉墙黛瓦，色彩鲜明，登山远眺，山色空蒙，远山近郭，尽收眼底。

苏州园林移天缩地，以小见大，造园成景。讲究构图配置，写意多于写实。重抽象概括，求意境情趣。园林参画意，画中寓诗情，被誉为“文人园林”。通过欣赏精美绝伦的园林艺术，人们可以亲近大自然，更能受到中华文化的陶冶，升华审美情趣，充实文化底蕴，提升文化品位，从而感受到中华山水文化的博大精深。

山水园林在我国战国时期就十分普遍，特别是在一些历史文化名城，多建有园林。根据分布情况，我国的山水园林大致可分为北方园林、江南园林和岭南园林三大类。北方园林以皇家园林为代表，如北京的颐和园、承德的避暑山庄、西安的华清池等。苏州园林是江南园林的代表，其他名园还有扬州的个园、何园，上海的豫园、古猗园，南京的总统府、玄武湖，杭州的青藤茶馆、郭庄，无锡的蠡园、梅园，常州的近园、忘园、未园、纹园，绍兴的沈园、兰亭等。位于皖南山区的绩溪县紫园是徽派园林的典范，也属于江南园林。岭南园林名气极大的有广东顺德的清辉园、东莞的可园和番禺的余荫山房等。

我国山水园林的影响也扩大到了海外，现在西方不少国家都仿制了中国园林，著名的有美国纽约市的明轩、加拿大温哥华市的逸园、英国利物浦市的燕秀园、瑞士苏黎世市的中国园、德国杜伊堡市的郢趣园、澳大利亚悉尼市的谊园、新加坡的蕴秀园、日本横滨市的友谊园等，这些园林都是主办方邀请我国著名园林学家和建筑师设计，由我国的古典建筑公司承建，所需的建筑材料很多也是从中国运过去的。我国的山水园林能够为西方所接受，并受到西方人民的欢迎，充分说明了中华优秀传统文化无限的生命力和影响力，是东西方文化交流的成果，这也和我国作为文化强国的发展态势相适应。

三、山水盆景

中国人能把山水美景浓缩到一个园林之中，已经堪称一绝了，但这还不足以显示中国人的聪明才智。我国的山水文化中还有更为精彩之处，那就是把山水制成盆景，微缩到一个花盆之中，使人们在方寸之中，也能领略到山水之美。把山水盆景置于案几之上，让秀丽的山水美景近在咫尺，这就使人们仿佛可以与山水为伴，以山水为友，从而满足了人们亲近大自然、欣赏祖国大好河山的审美需求。所以，在传统居室或庭院里，少不了要摆放几盆山水盆景，这些山水盆景和庭院的石径细廊，厅堂里的字画，古朴的家具、陈设相结合，方能显示出浓郁的中国风味和中国气派。

据考证，我国最早的山水盆景出现于汉代，在汉代的壁画中就有植有花木的盆景图形。《史记》中曾有当时室内置有盆景“欣玩水石”的记载。魏晋南北朝时，由于山水诗、山水画和山水园林的盛行，山水盆景就已经十分流行。到了盛唐时期，随着经济文化的繁荣，山水盆景也大行其道，诗人杜甫曾有“一匮功盈尺，三峰意出群。望中疑在野，幽处欲生云”的诗句，这是对山水盆景形象的写照。另一位诗人白居易也有“烟萃三秋色，波涛万浪痕。削成青玉片，截断碧云根。风气通岩穴，苔文护洞门。三峰具体小，应是华山孙”的诗句，惟妙惟肖地描绘了一座山水盆景的姿态。

到了宋代，文人雅士收藏、玩赏山水盆景已经在上层社会中蔚然成风。苏轼有不少诗句对此有生动的写照，如“但见玉峰横太白，便从鸟道绝峨眉”“五岭莫愁千嶂外，九华今在一壶中”“我持此石归，袖中有东海”“置于盆盘中，日与山海时”。这种风气，也影响到街市，山水盆景成为百姓的收藏。元代的盆景流行小型化，称为“些子景”。曹雪芹的《红楼梦》在第五十三回中就有关于山水盆景的一段描述：“几上有八寸来长，四五寸宽，二三寸高，点缀着山石的小盆景。”说明明清时期的山水盆景，已经和现今制作的山水盆景十分接近了。明清以后，山水盆景逐渐形成了以岭南派、川派、扬派、苏派、海派为代表的五大流派，山水盆景也和树桩盆景、花草盆景并行不悖，成为我国盆景艺术的奇葩，并多次代表我国在世界园林艺术展览会上展出，为我国争得了荣誉。

山水盆景主要由浅口盆、山石、土、植物组成，盆由宜兴紫砂、瓷、汉白玉等制成，现代大型山水盆景的盆也有用白水泥与石英通过模型浇注而成的。作为山水盆景的主体石料，可入选的很多，大致可分软石、硬石两种。软石如吸水石、砂石、浮石、钟乳石等；硬石有太湖石、灵璧石、龟纹石、锰矿石、木化石、千层石等。石料的选取标准为“瘦、漏、透、皱”。所谓瘦就是石料要纤细，漏就是石料要疏密相间，透就是石料要中空，皱就是石料要多纹理。石料选好后，要依照石料本身的形状，依其形，顺其势，决定取舍加工。制成的山形要符合山水画皴法的要求，还要注意主次的搭配、高矮的呼应、山势的走向等。大的要截取，小的要堆积黏合，成形以后，还要栽上植物。山水盆景体积有限，一般选取的植物应为矮小但又状如大树的品种，如文竹、罗汉松、米竹、雀梅、六月雪、小叶女真、雀舌黄杨、榔榆等。山水盆景中栽培的植物一定要和山石保持一定的比例关系，否则就显示不出山峰的高峻奇险。山水盆景的土一般要覆盖一层青苔，才有青山绿水的感觉，根据需要，山石上也可培植一些青苔作为点缀。大型的山水盆景中还置放上陶瓷制的亭、台、楼、阁、塔、屋舍、小桥等，水中还可以放上一些小舟，以显示山高水长的意境。

山水盆景一定要放置在中国传统木制家具，如案几、花架或博物架之上，才显得协调。放置处的背后一般应为白墙，而不应是五颜六色的装饰墙，以免喧宾夺主。如果在山水盆景之后再能悬挂一幅书法或山水画轴，那就更起到相得益彰的效果了。如果山水盆景的材质并不都是稀罕的珍品，也不是出自名家之手，价格一般也不高，工薪阶层完全能够消费得起。随着人民群众生活质量的提高，对精神生活也有更高的追求，山水盆景如今也进入了寻常百姓家，成为大众观赏的艺术品。

四、山水邮品和钱币

在手机、互联网还没有到来的年代里，人们异地之间交流的主要方式是书信，邮票便成为人们生活中一项不可或缺的内容。新中国成立以后，我国邮政事业突飞猛进，邮票印刷的质量越来越好，选材的范围越来越广。由于人们对祖国山河的热爱，山水也开始成为邮品的题材。1963 年发行的《黄山风景》展现了奇松、怪石、云海、温泉“四绝”

的风姿，全套共 16 枚，由邮票设计家孙传哲根据黄山风景照片设计，采取影雕套印，票形采取国画条屏和卷幅的样式，为我国出现最早的一个成套的山水邮品。1979 年发行了《万里长城》一套 4 枚，以水彩画描绘长城的四季风光，展现了长城的雄姿。同年还发行了《台湾风光》一套 6 枚，由玉山、日月潭、赤崁楼、苏花沿海公路、天祥大瀑布、半屏山月夜组成，将台湾地区有代表性的秀丽景色均囊括其中。1980 年发行的《桂林山水》一套 8 枚，是山水邮票中的佳品，设计者采用中国传统山水画的技法，用 8 幅画面表现了珠洞剑石、三山远眺、九马画山、古榕白鹭、西山夕照、漓江月夜、瀑水古渡、阳朔景道的青山绿水，使人们领略到了“桂林山水甲天下”的自然风光。从 1980 年起，国家邮政先后发行了《苏州园林・留园》一套 4 枚，分别为春到曲溪楼、远翠阁之夏、涵碧山房秋色、冠云峰晴雪。1984 年发行《苏州园林・拙政园》一套 4 枚，分别为宜两亭前望倒影楼、枇杷园景物、小沧浪水院、远香堂与倚玉轩。2003 年发行《苏州园林・网师园》一套 4 枚，分别为殿春簃、月到风来亭、竹外一枝轩、万卷堂。1989 年发行《杭州西湖》一套 4 枚，分别为苏堤春晓、曲院风荷、三潭印月、断桥残雪。1994 年发行《长江三峡》一套 6 枚，分别为白帝城、瞿塘峡、巫峡、神女峰、西陵峡、屈原祠，以及长江三峡小型张一枚，值得一提的是这枚小型张采取中国山水画横轴的表现方式，全景式地展现了三峡重岩叠嶂、遮天蔽日、江流一泻千里的恢宏景象。而 2014 年发行的《长江》共 9 枚，内容有大江东去、山水重庆、三峡奇观、楚湘临江、庐山水韵、黄山独秀、金陵春晓、江畔水乡、东流入海 9 个画面，共同组成一套可分可合的山水长卷。题材来源于袁运甫先生在人民大会堂布展的名画《长江万里图》，气象万千，意境深远。迄今为止，我国共发行山水邮品共约 56 套，在邮票题材中位居前列，堪称中国风景的百科全书。在方寸之中，展现出名山秀水，使人通过这些邮票，一览祖国自然风光，遍游华夏锦绣山河，亲近自然，增长见闻，陶冶情操。另外，台湾地区也发行了不少山水邮品，内容以台北故宫博物院收藏的古代山水画中的传世珍品居多。

中国是使用货币最早的国家之一，最早的货币是贝币，来自浩瀚的大海，看来中国的货币和大自然有缘。最早的纸币出现在中国，那就是宋代的“交子”。新中国成立以后至目前为止，我国共发行了五套人民币，被称为“国家名片”。在纸币上印刷风景是世界通行的做法，我国的纸币也不例外，因为我国本来就是山水文化流行的国度。目前我国发行的纸币共 93 种，印在纸币上的山水风景约 17 种。计有第一套第 3 版 100 元背面的北京颐和园万寿山、第 5 版 100 元背面的北京北海公园的白塔和团城；第二套 2 元背面的延安宝塔山、3 元背面的井冈山龙源口石桥；第三套 2 角正面的武汉长江大桥；第四套 1 元背面的北京八达岭长城、2 元背面的海南三亚南天一柱、50 元背面的长江三峡巫峡、10 元背面的珠穆朗玛峰、5 元背面的黄河壶口瀑布、100 元背面的井冈山；第五套 1 元背面的杭州西湖三潭印月、5 元背面的泰山观日峰、10 元背面的长江三峡夔门、20 元背面的桂林山水漓江奇峰、50 元背面的西藏拉萨布达拉宫。这些风景包括革命圣地延安、中国的母亲河黄河、世界第一高峰珠穆朗玛峰等，都是中华民族品格的象征，凝聚了中国精神。

五、山水实景演出

摄影技术在 20 世纪初传入中国后，摄影大师便把镜头对准了我国的名山大川。以吴印咸为代表的一批老一代摄影艺术家，创作出很多反映我国秀丽山川的优秀风光的摄影作品，极大地鼓舞了全国人民在民族解放运动中的斗志，因为“大好河山寸土不让”是当时最响亮的口号。民族电影事业萌芽之后，很多故事片也选取了我国的山水摄影作品为背景，如《一江春水向东流》。新中国成立后创作的故事片更是如此，如电影《上甘岭》主题歌《一条大河》的背景，就是很具代表性的祖国的好山好水，对当时的“抗美援朝、保家卫国”的斗争起到了很大的宣传作用。

在电视未出现之前，新闻纪录片曾作为一个窗口，为人民群众了解社会提供了重要的信息，其中就有不少反映祖国锦绣河山的佳作，激发了人民的爱国主义情怀和建设社会主义祖国的雄心壮志。

人类步入信息时代以后，很多影视作品的外景都选在各地的名胜，比如《小花》取景地是屯溪老街、黄山，《藏龙卧虎》的外景是分别在河北省井陉县的苍岩山，安徽省黄山市的翡翠谷、黟县宏村木坑的竹海拍摄的。这就使很多以前未被发现，或藏于深山无人知晓的景区得到了开发。而各具特色的景致，也为这些影视作品增色不少，提高了收视率和上座率。

随着旅游事业的发展，一种新的艺术样式出现了，那就是山水实景演出。山水实景演出以景区实体为背景，以人物活动为主题，以歌曲、音乐、舞蹈和集体表演的组合为内容，配以置景效果、灯光效果、烟雾效果等现代电、声、光的手段，营造出虚幻与实景相结合的空间，使观众身临其境，恍如进入奇妙的仙境，把山水景致、地方特色及民族风情展示得淋漓尽致。这成为开发景区、提高景区知名度和美誉度、吸引八方游客的新的手段。

具有开创性的山水实景演出是在锦绣漓江刘三姐歌圩景区的《印象·刘三姐》，这个演出以漓江山水为背景，参演人员 600 多人，场景位于著名的书童山对岸，占地100多亩，陆上全部植以草皮及凤尾竹等当地特色植物，水上舞台以竹排搭建，除了自然景观外，还搭建了具有浓郁民族风情的鼓楼和风雨桥。观众席由绿色梯田式造型构成，可容纳观众2000多人，观众在座席上可以观赏到江上两公里的范围，视野十分开阔。整场演出时间约一个小时，以传奇人物刘三姐的歌唱为主线，配以身着当地壮、苗等少数民族艳丽服饰的群众演员的舞蹈，利用一年四季不同的自然景色和晴、雨、烟、雾等不同的气候特征，巧妙地把自然景观、人文景观和历史传说融为一体，营造出优美的艺术意境。

继《印象·刘三姐》后，主创人员又来到云南丽江玉龙雪山甘海子蓝月谷，推出了我国第二部山水实景演出《印象·丽江》，由上篇《雪山印象》和下篇《古城印象》构成，共有《古道马帮》《对酒雪山》《天上人间》《打跳组歌》《鼓舞祭天》和《祈福仪式》六个部分，演员来自附近16个村庄的10个少数民族的500多个普通农牧民，歌舞均为原生态民族歌舞，以纳西古东和摩梭人舞蹈为主，全部为本色出演。主题曲为《回家》，演唱者为纳西族歌手，还特邀台湾著名歌手齐豫、齐秦姐弟演唱。演唱以著名的玉龙雪山为背景，以群众性载歌载舞的表演形式，展现了纳西、普米、摩梭等雪山少数民族的历史传统、文化习俗、宗教信仰、生产生活场景，观众既领略了雪山奇观，又欣赏到了民族风情。

著名电影导演张艺谋和他的团队在完成上述两个山水实景演出之后，又在杭州西湖上演了第三个山水实景演出节目《印象·西湖》。把世界闻名的西湖胜景和西湖的美丽传说相结合，营造出光与影、诗与画、烟与雨、声与形、自然与人文、美景与传说的时空交错，虚构而又现实的神奇场景，从而把山水实景表演这种艺术表演形式又推向一个顶峰，与以上两个大型实景演出相比，更显得细腻、婉约、空灵、美好。

演出巧妙利用西湖的自然景观和神话传说的丰富资源，更具叙事性和描述性。特别是运用高科技手段演绎的“雨中西湖”，更显示了西湖之美的神韵和独特。演出以许仙和白娘子的爱情为主线，由相见、相爱、离别、追忆、印象五幕组成，演出还特邀国际知名音乐大师喜多郎担任音乐主创，主题歌曲由著名歌手张靓颖主唱，更把这场表演的水准提升到世界级的高度。

江西龙虎山景区推出的大型多媒体山水实景演出《寻梦龙虎山》，其主题为体现“世界自然遗产、世界地质公园、国家5A级旅游景区、道教祖庭、大型多媒体山水实景演出场地”五张名片的独特魅力。据称，这是国内第一部行进式大型多媒体山水实景演出节目，运用高科技手段，把可以开合的巨大实体山门与数字投影相结合。背景中，梦幻般的森林、转动中的竹简、飘忽而来的白鹤仙人等画面通过投影方式展现在山门上。使天然崖壁变成一块巨大的幕布，展现出神奇的仙境、古越民俗村、桃花州等迷人的场景，把天上的仙境和人间的美景融为一体，体现了古越文化和道教文化的独特魅力，游客置身于游船中，获得了视觉和听觉享受。近来，各名胜古迹纷纷推出类似的实景表演，成功的有湖南凤凰古城的“边城森林舞台剧”、四川阆中的大型山水实景演出“阆苑仙境”、武隆的“天坑实景歌会”和河南开封的“清明上河园实景演出”等。

山水实景表演是高科技时代山水文化的最新表现形式，山水实景表演对山水文化的最大贡献就是创新。山水文化能够百代而不衰，就是因为一代又一代的人们在不断努力、不断创新，不断根据社会的发展而寻觅着山水文化新的表现形式，才使山水文化具有如此的生命力。山水实景表演是一种综合美，它把山水实景的美也就是自然美与人的表演相结合，这就是社会美；加上声、光、电、人工雨雾等智能手段，电影、电视拍摄技巧和大型电子屏幕、投影的配合，这就是科技美；共同营造出一个个唯美的意境，这就是艺术美，从而使山水文化达到一个前所未有的高度，由静态转为动态，由无声转为有声，使山水美景活了起来，并富有变化。山水实景演出是现代科技手段和现代艺术表现形式与古老秀丽的山川的结晶，使山水文化具有了全新的时代特征和时代高度，这是前所未有的。

十二届全国人大三次会议期间，习近平总书记和吉林省代表审议政府工作报告时，仔细询问了东北虎种群的现状。对东北虎的关注，实际上是对生态环境的关注，反映了以习近平为总书记的党中央对生态文明建设的重视。习总书记曾在不同场合多次强调："生态兴则文明兴，生态衰则文明衰。要把生态环境保护放在更加突出的位置，像保护眼睛一样保护生态环境，像对待生命一样对待生态环境。要尊重自然，顺应自然，保护自然。绿水青山就是发展优势，就是金山银山。"习总书记的讲话，反映了他对中华文化中和谐平衡思想的深刻理解。山水文化，说到底也就是一种生态环境文化。对山水文化的研究，也就是研究如何对自然生态环境加以保护，从而把生态文明建设提升到一个新的高度。生态环境也是一种生产力，绿色发展，建设美丽中国是我们的历史使命。我们的先辈为我们留下了如此绚丽多姿的生态文化——山水文化，我们伟大祖国母亲有如此美好的山山水水，我们应该珍惜这些物质和精神的文化遗产，热爱我们的青山绿水，让蓝天常在，绿水长流，青山永驻，让中华传统优秀文化的"仁""和"的价值观存留在我们的血液里，让热爱大自然、敬畏大自然、感恩大自然、追求人与自然的和谐的理念一代一代传承下去，并使之发扬光大。

（发表于2015年第4期《阜阳职业技术学院学报》）

试论鸟文化

鸟文化作为民俗文化和生态文化，与茶文化、酒文化、饮食文化、服饰文化一样，都是中华文化的重要组成部分。在中华民族传统文化里，鸟文化是一种十分独特的文化。从古至今，人们崇尚鸟、歌颂鸟、亲近鸟，把鸟视为美的化身。在历史的长河里，从鸟图腾到鸟纹饰，鸟和人们的信仰追求、生产生活息息相关。而以鸟为主题的诗词歌赋、小说戏剧、绘画艺术、造型雕塑、音乐作品更是不计其数。鸟文化的取向和人们对美好事物及对健康向上、幸福自由的追求是一致的，它是中华传统文化丰富内涵中的一朵奇葩，值得人们研究和继承。

一、鸟崇拜——对美的追求

鸟是大自然的宠儿，它以绚丽的羽毛、婉转的歌喉、优美的舞姿获得人们的青睐。特别是鸟儿能够在蓝天上翱翔，那轻盈的身姿，更引起人们对它的向往。由于古代人们的认识有限，不能科学地解释鸟飞翔的原理，于是鸟就被幻化为一种神奇的力量，并且和人们对飞升、上天、进入天堂的追求不谋而合。希望摆脱现实的痛苦，希望灵魂能够超脱、自由地升入另一个世界，是所有的宗教信仰共同追求的目标。而鸟就非常自然地成为人在现实生活中对这种追求的唯一寄托，于是对鸟的崇拜就产生了。如果能借助鸟的飞翔，或插上鸟的翅膀，或骑在鸟的背上，或幻化成一只鸟……鸟给人们诸多的想象空间。鸟在天空中自由飞翔，直至脱离了人们的视线，于是鸟就引起了人们的遐想，似乎鸟能从天上带来神的旨意并能满足人们的愿望，这就使鸟比其他生物更容易被神化、被崇拜。

从人类文明初创时期开始，我们的先民就爱鸟、崇拜鸟。他们把鸟的形象用简陋的工具镌刻在坚硬的岩石上，借以表达对鸟的崇拜。至今在西北和西南的多处岩石上，还清晰地保留着这些岩画的遗迹。人们发现，这些鸟的图形是和反映当时人们的生产、生活、祭祀的活动场景联系在一起的，反映了鸟在他们心目中占据的重要位置。

为了表示对鸟的热爱，先民们还把鸟的羽毛作为装饰，戴在自己的头上。头是人身体最重要的部位，这样做一方面显示自己对鸟的崇拜，另一方面也是向他人展示自己和鸟之间的亲密关系，这种装饰至今在非洲腹地和太平洋岛国的土著民众中还可以发现。在我国传统戏曲中，武生的头盔上都插有一对白冠长尾雉的尾羽，作为英勇善战的象征，加上传统的翎子功，做出许多优美身段，以表达人物的内心世界。据考证，我国早在汉代就有将鹖鸟尾羽装饰在武将头盔上的记载。在我国西南少数民族中，有用鸡脚作为酒杯底座的习俗，这不仅是装饰，据说还有某种民俗信仰的神力。新疆的塔吉克族人民，则用山鹰翅膀上的骨管制成鹰笛，在祭祀或庆典活动中吹奏，当然这不仅是一种乐器，也含有一定的信仰成分，因为他们崇拜山鹰，把自己称为山鹰的儿子，他们认为鹰笛能够给他们带来神力和好运。

很多西南的少数民族都把鸟尊崇为自己的祖先，比如傣族就认为自己的祖先是孔雀，是卵生的，并以自己是孔雀的后代为荣。所以，他们在节日和宗教仪式上总喜欢跳孔雀舞，用模仿孔雀的神态动作，表示对孔雀的尊崇。其实以鸟为祖先的并不只是西南的少数民族，汉族也有同样的说法，比如《诗经·商颂·玄鸟》中就有“天命玄鸟，降而生商”的文字，《史记·秦本纪》中称：“秦之先，帝颛顼之苗裔，孙曰女修。女修织，玄鸟陨卵，女修吞之，生子大业。”据此可知，秦人先祖是女修吞鸟之卵而生的。由于鸟是人类祖先的传说十分广泛，于是就出现了鸟信仰，而鸟信仰的结果，一是直接用鸟作为自己氏族的名号，如凤鸾氏、玄鸟氏、青鸟氏、丹鸟氏等；二是用鸟的图形作为自己氏族图腾的标志，如把乌鸦尊为太阳神，并将其图形放在旗帜上，以代表自己的部落。比如少皞氏就以鸟为自己部落的图腾，古越人部落也以鸟为图腾。图腾代表着精神的寄托，表现着古代先民对自己的部落在天地之间关系的认识，希望神化了的鸟能给部落以护佑，并带来福祉，这表达了在宗教未出现之前的信仰。可以看出，古代先民给予鸟崇高的地位，也是对鸟崇拜的最高体现。

以鸟为图腾并非我国古代先民所特有的现象，世界上其他民族也有类似的情况。现在世界上不少国家的国旗、国徽、军旗都有以鹰、鸵鸟、火烈鸟、孔雀等鸟类作为图案的，这虽然已不再具有图腾的意义，但也表现了这些国家对鸟的崇拜。因为大凡把某一鸟类的图形放在国旗、国徽上的国家，一般都把这种鸟作为国鸟。

进入封建社会以后，人们对鸟的崇拜更达到了极致。历代王朝在举行祭祀大典的时候，都有执雉尾的仪仗，在仪仗中，还有朱雀、玄武、青龙、白虎四灵旗，分别代表四方，直到今天的祭孔大典中，还保留着这些内容。鸟已经成为尊严和权力的象征，具有神祇的地位。我国古代很多动人的神话传说都和鸟有关，如“精卫填海”“凤凰涅槃”“七夕鹊桥”“梧桐栖凤”等，表现了天人合一、万物一体的哲学思想。经过历代传说的不断丰富，很多鸟类具有了特殊的寓意，如孔雀代表高贵，鸳鸯代表爱情，仙鹤代表长寿，喜鹊代表吉祥，杜鹃代表哀怨，春燕代表信义，大雁代表乡情，雄鹰代表勇敢，鸿鹄代表大志，等等。

最值得注意的是封建王朝形成之后，各种鸟的图案开始运用在各级官吏，特别是文官的官服上，作为识别官位和级别的标志，成为权力的象征。直到我国最后一个封建王朝清代，除了每顶官帽上都插有一根孔雀翎之外，还形成了一个由一品仙鹤到九品练雀的完整的表示官位的鸟类图案体系，这是中华文化中爱鸟、崇拜鸟所达到的最高境界。

在中国古代，封建帝王往往把神话传说中集中百兽形象而无所不能的龙作为自己的化身，借以巩固自己在百姓心目中神圣不可侵犯的地位。而把凤作为皇帝的配偶——皇后的形象代表，凤则集中了百鸟所有的特征。传说凤能够给人们带来吉祥，并且长生不老。在女皇武则天统治天下、慈禧太后垂帘听政的非常时期，皇家所有的装饰都一反常态，把龙在上、凤在下统统改成了凤在上、龙在下，显示了凤的至高无上的统治地位。凤在这个时期更反映了女性统治者的政治需求，是母系社会的遗风再现，也是女权主义思潮的胜利；是鸟文化在特定历史时期的嬗变，也是鸟文化带给我们的一个特别的信息，鸟文化被推向了一个特殊的地位。

二、鸟颂扬——对美的热爱

文艺是生活的反映，人们对鸟的崇拜，总要以文艺作品的形式表现出来。在古代诗文里，很多篇章都以鸟为题材，作为起兴或歌咏的对象，如我国第一部诗歌总集《诗经》里，就不乏这样的作品，最为著名的当数一首爱情诗《关雎》："关关雎鸠，在河之洲。窈窕淑女，君子好逑。"脍炙人口，传诵至今。其他还有像"鸿雁于飞，哀鸣嗷嗷""鹤鸣于九皋，声闻于天""嘤其鸣矣，求其友声"等。《楚辞》中有"鸟飞反故乡兮，狐死必首丘""宁与黄鹄比翼乎？将与鸡鹜争食乎？"的语句。在汉乐府中，关于鸟的诗句，也有不少，如"翩翩堂前燕，冬藏夏来见""胡马依北风，越鸟巢南枝""月明星稀，乌鹊南飞""秋风起兮白云飞，草木黄落兮燕南归"等。东晋陶渊明的诗里，咏鸟也有多处，如"山气日夕佳，飞鸟相与还""望云惭高鸟，临水愧游鱼""羁鸟恋旧林，池鱼思故渊""众鸟欣有托，吾亦爱吾庐"等。谢混有"景昃鸣禽集，水木湛清华"。南朝萧衍根据民歌改写的古诗有"东飞伯劳西飞燕，黄姑织女时相见"，谢灵运有"池塘生春草，园柳变鸣禽"，王籍有"蝉噪林逾静，鸟鸣山更幽"。隋代虽存诗不多，却也有杨素的"日出远岫明，鸟散空林寂"，薛道衡的"人归落雁后，思发在花前"和"暗牖悬蛛网，空梁落燕泥"的诗句。

唐诗宋词里，也沿袭了这种风尚，有不少关于鸟的佳词丽句、优美篇章。如王维的诗句"秋山敛余照，飞鸟逐前侣""月出惊山鸟，时鸣春涧中""草枯鹰眼疾，雪尽马蹄轻"；孟浩然有"春眠不觉晓，处处闻啼鸟”；李白有“人行明镜中，鸟度屏风里”“众鸟高飞尽，孤云独去闲”；杜甫有“自去自来梁上燕，相亲相近水中鸥”“留连戏蝶时时舞，自在娇莺恰恰啼”“两个黄鹂鸣翠柳，一行白鹭上青天”“细雨鱼儿出，微风燕子斜”“感时花溅泪，恨别鸟惊心”；白居易有“几处早莺争暖树，谁家新燕啄春泥”“风翻白浪花千片，雁点青天字一行”“在天愿作比翼鸟，在地愿为连理枝”“织为云外秋雁行，染作江南春水色”；杜牧有“鸟去鸟来山色里，人歌人哭水声中”“尽日无人看微雨，鸳鸯相对浴红衣”；李商隐有“身无彩凤双飞翼，心有灵犀一点通”“桐花万里丹山路，雏凤清于老凤声”；李贺有“昆山玉碎凤凰叫，芙蓉泣露香兰笑”；陈子昂有“鹤舞千年树，虹飞百尺桥”；贾岛有“鸟归沙有迹，帆过浪无痕”“鸟宿池边树，僧敲月下门”“日暮行人少，山深异鸟多”；刘禹锡有“晴空一鹤排云上，便引诗情到碧霄”“旧时王谢堂前燕，飞入寻常百姓家”；韦应物有“心同野鹤与尘远，诗似冰壶见底清”；柳宗元有“千山鸟飞绝，万径人踪灭”；温庭筠有“数丛沙草群鸥散，万顷江田一鹭飞”“江上柳如烟，雁飞残月天”；常建有“山光悦鸟性，潭影空人心”，杜荀鹤有“风暖鸟声碎，日高花影重”；司空图有“逢人渐觉乡音异，却恨莺声似故山”；姚合有“弄日莺狂语，迎风蝶倒飞”；皮日休有“万顷湖天碧，一星飞鹭白”；王建有“辛苦日多乐日少，水宿沙行如海鸟”，陶岘有“鸦翻枫叶夕阳动，鹭立芦花秋水明”；武元衡有“杨柳阴阴细雨晴，残花落尽见流莺”；李华有“芳树无人花自落，春山一路鸟空啼”；崔颢有“黄鹤一去不复返，白云千载空悠悠”；张继有“月落乌啼霜满天，江枫渔火对愁眠”；李德裕有“不堪肠断思乡处，红槿花中越鸟啼”；张志和有“西塞山前白鹭飞，桃花流水鳜鱼肥”。

在宋代的诗词作品里，咏鸟的佳句更是俯拾皆是，柳永有“日上花梢，莺穿柳带，犹压香衾卧”“断鸿声里，立尽斜阳”的佳句。黄庭坚有“千林风雨莺求友，万里云天雁断行”“春无踪迹谁知？除非问取黄鹂；百啭无人能解，因风飞过蔷薇”“手挥琵琶送飞鸿，促弦聒醉惊客起”。秦观有“莺嘴啄花红溜，燕尾点波绿皱”“斜阳外，寒鸦数点，流水绕孤村”。苏轼有“卧闻百舌呼春风，起寻花柳村村同”“花褪残红青杏小。燕子飞时，绿水人家绕”“翻空白鸟时时见，照水红蕖细细香”“水清石出鱼可数，林深无人鸟相呼”“有如兔走鹰隼落，骏马下注千丈坡”“时见幽人独往来，缥缈孤鸿影”“人似秋鸿来有信，事如春梦了无痕”。贺铸有“青松巢白鸟，深竹逗流萤”“临水朱门花一径，尽日乌啼人静”。周邦彦有“风老莺雏，雨肥梅子，午阴嘉树清圆”“人静乌鸢自乐，小桥外，新绿溅溅”“烟中列岫青无数，雁背夕阳红欲暮”。李清照有“争渡，争渡，惊起一滩鸥鹭”“九万里风鹏正举。风休住，篷舟吹取三山去”。杨万里有“却是归鸿不能语，一年一度到江南”“只余鸥鹭无拘管，北去南来自在飞”。晏殊有“好梦频惊，何处高楼雁一声”“无可奈何花落去，似曾相识燕归来”。朱淑真有“好是风和日暖，输与莺莺燕燕”。辛弃疾有“红莲相倚浑如醉，白鸟无言定自愁”。欧阳修有“微动涟漪，惊起沙禽掠岸飞”“夜闻归雁生乡思，病入新年感物华”。翁卷有“绿遍山原白满川，子规声里雨如烟”。张耒有“雁横南浦，人倚西楼”。张先有“沙上并禽池上暝，云破月来花弄影”。仲殊有“数声啼鸟怨年华。又是凄凉时候，在天涯”。陆游有“伤心桥下春波绿，曾是惊鸿照影来”。文天祥有“满地芦花和我老，旧家燕子傍谁飞”。晏几道有“落花人独立，微雨燕双飞”。魏夫人有“溪山掩映斜阳里，楼台影动鸳鸯起”。王安国有“留春不住，费尽莺儿语”。这些篇章说明了爱鸟、赞鸟在我国文化中是一脉相承的。宋代之后，诗文中咏鸟篇章亦多，篇幅所限，不一一详举了。在这些脍炙人口的诗句中，鸟的形象十分完美，诗人们用炽烈的感情，优美的语言，描绘了鸟的鸣唱，鸟的姿态。或写实，或夸张，或比喻，或巧借。在人们的笔下，仿佛鸟也识人性，人更识鸟音。有了这些鸟，诗中才有动人的意境、灵动的画面。有了这些咏鸟的诗句，诗人们的作品才能成为佳作，从而得以广泛流传。

更有甚者，南宋词人辛弃疾还把“一松一石”称为“好朋友”；把“山花山鸟”当作“好弟兄”，竟然和花鸟称兄道弟起来了。无独有偶，北宋文人林逋有“梅妻鹤子”之说，他把梅花看作妻子，把鹤当作儿子，可见对鸟珍爱之深。在古典神话小说里，鸟都是作为英雄形象来描绘的，如“雷震子”“大鹏金翅鸟”等。尤其是《聊斋志异》，在蒲松龄的笔下，鸟类皆有灵性，能与人相处，鹦鹉甚至可以化为少女，与人产生爱情，最终嫁给情人，表现了古代文人对天地万物的爱，更把爱鸟的情怀推向极致。在古代神话里，不但鸟可以化人，人亦可化鸟，东晋陶潜所著《搜神后记》就有丁令威学道于灵虚山，后化鹤归辽的故事，《世说新语》中也有类似的记载，说明人们对鸟的向往，已经达到了无以复加的程度。

不仅是诗文，传统绘画中鸟类也是画家们表现的重要题材，国画就专门有一类“花鸟画”，以花鸟为描摹对象，无论是宋徽宗的工笔花鸟，还是齐白石的写意花鸟，在他们的笔下，鸟类都是那么栩栩如生，充满朝气和生命力。国画家们崇尚自然美的审美观，在花鸟画里发挥得淋漓尽致。

在我国古代的常用器皿里，都可以看到鸟的造型和鸟的图案构成的纹饰。考古发现，新石器时期的彩陶艺术，就有鸟的图形。在距今七千多年的河姆渡文化中，就出土了刻有双鸟图案的器物，带有原始神秘的巫术色彩。红山文化中出土的玉鸟，猫头鹰的形象居多，表现了当时人们对其情有独钟。龙山文化出土的鸟纹圭，十分洗练，以展翅高飞的雄鹰形象为主。良渚文化出土的玉鸟张开双翼，形象生动，线条洗练。而石家河出土的玉凤鸟造型更为精美，是迄今发现最早的凤鸟造型的艺术品。商周时期，青铜艺术灿烂辉煌，夔凤纹纹样细腻，组织严谨，图案精致，广泛应用在各种青铜器皿上。长沙马王堆出土的汉代墓葬中，精美的漆器和纺织品都有鸟的图案和纹饰。而汉代的铜雕饰《马踏飞燕》，造型奇特，构思精巧，想象力十分丰富，精美绝伦，已经成为中国旅游的标识。南方少数民族的铜鼓上，也有鸟头人身或人身鸟翅的装饰。魏、晋、南北朝时期，佛教盛行，但鸟的纹饰不但未受到影响，反而借助佛教文化艺术，达到一个新的境界，出现了迦陵频迦，又称妙音鸟，传说是玉鸟演化而来，为人面鸟身。而敦煌壁画里“飞天”的形象，则是人借助神力，可以像鸟一样在天空自由飞翔，既可以看作人的鸟化，也可以看作鸟的人化。

传统工艺品里也有不少鸟的题材，或写实，或变形，比如玉器，就很常见。我国古代建筑讲究雕梁画栋，在装饰和构件中，有很多鸟的形象，彩绘中更为多见。典型的是作为厅堂间隔用的屏风，多为“四扇屏”，以“春、夏、秋、冬”四季为题，其中画面总少不了各种鸟类。在传统服饰里，鸟的形象常常被精细地绣在衣裙上，鸟的造型常被制作成妇女的各种头饰，比如凤冠。

鸟文化体现了中国文化的生态意识，表现了人与万物和谐相处的生命理念，充满了对人世间万物的爱，这就是一种生态美，极富现代意韵，所以它既是传统的，也是现代的。我国现代文化同样传承了这种精神，比如现代歌曲和舞蹈表演等艺术样式，都体现了这些美好的思想。在歌曲里，像“雪山啊，闪银光。雄鹰啊，展翅飞翔”“五彩云霞空中飘，天上飞来金丝鸟”“雁南飞，雁南飞……”“大雁飞过，菊花插满头”等乐句，让无数人传唱；舞蹈大师杨丽萍的孔雀舞《雀之灵》，也令无数人倾倒。流传在我国北方的民乐《百鸟朝凤》《乌夜啼》；江南丝竹《柳浪闻莺》《空山鸟语》；广东音乐《孔雀开屏》《双鹤听泉》等这些咏鸟题材的曲目，旋律或高亢激昂，或低回婉转，都给人以美的享受。因为这些乐曲所表现出的对鸟类的热爱，也抒发了人们对大自然的热爱和对生活的热爱。

三、鸟亲近——对美的欣赏

鸟文化作为一种民俗文化，内涵十分丰富，它反映了人们在与大自然的共存共荣中，对大自然的热爱。在历史长河里，人们的生产生活，都离不开大自然的恩赐，人们感激大自然赋予的一切，尽情地享受大自然为他们带来的欢娱，其中也包括鸟给人们带来的精神上的享受。人们崇尚鸟，热爱鸟，于是就想办法与鸟亲近，人工繁殖、驯化、饲养鸟就成为这种亲近的一种方式。据历史记载，我国古代就有养鸟的行为，最早可以追溯到商周时期。《庄子·至乐》中写道“昔者海鸟止于鲁郊，鲁候御而觞之于庙，奏《九韶》以为乐，具太牢以为膳”。看来鲁候对这只鸟珍爱有加，不但为它演奏音乐，而且设最高等级的宴席招待它，可惜这种养鸟的方法不对，鸟没过三天就死了。结论是“此以己养鸟也，非以鸟养鸟也”，这是一个不成功的养鸟的范例，但说明了在春秋战国时期，养鸟之风已经很盛了。还有一个失败的例子，据《左传·闵公二年》记载，卫懿公好鹤，并将鹤封以爵位，打仗时也把鹤带在銮驾上，由于玩物丧志，引起国人不满，狄人伐卫，兵败而亡，爱鸟爱到这种程度，就有些过分了。看来养鸟和做其他事一样也要有度。宋代文人养鹤蔚然成风，据《宋史·赵抃传》说，著名的廉吏赵抃入蜀为官，仅携一琴一鹤，受到宋神宗的赞扬。玩物而不丧志，和卫懿公相比，赵抃养鸟有道，值得称颂。

驯养鸟类也已经成为人们从事生产活动的一种方式，生活在中哈边境的哈萨克人至今还保留着饲养金雕捕猎的习俗。据历史记载，驯化金雕的活动始于公元940年，距今有1000多年的历史，而目前仍从事这项活动的不过400人。当然随着人们生态保护意识的增强，这些活动将逐步淡出人们的生活，这是可以预见的。为了美化环境，让人们在风景区游览时更加赏心悦目，一些专业户经过努力，人工饲养孔雀、天鹅、鹦鹉等观赏鸟和朱鹮、白鹇等珍稀鸟类的试验已经成功，使一些濒危鸟类得以繁衍后代，造福人类，这是鸟类工作者给我们带来的福音。

从古至今，人们在饲养鸟类的过程中，对鸟的认识也日见清晰，大致把鸟分为鸣禽类和观赏类两种。鸣禽善于鸣叫，声音婉转悠扬，清脆悦耳。鸣禽是天然歌手，它们的咏唱为大自然带来无限生机和诗情画意。当然它们的鸣叫并不取决于人们的喜好，什么样的鸟鸣最为动听，完全取决于人们的感受。鸣禽约占鸟类的五分之三，几乎分布于全中国。在求偶季节，鸣禽的叫声特别嘹亮，人饲养的鸣禽主要有鹩哥、金翅、黄莺、画眉、百灵、八哥、雪燕、黄鹂、相思鸟、百舌子、沙和尚、山道士等。观赏类鸟主要看鸟的体型和毛色，如各色鹦鹉、各色燕子、珍珠鸟、腊嘴、绣眼、满天星、十姐妹等，还有一种信鸽，因为识别方向和记忆能力强，也是人们乐于饲养的对象。各地都有信鸽协会，作为爱好者交流的场所，各种规模和等级的信鸽大赛也经常举行，在战争年代，信鸽还可以发挥传递情报的作用。还有一些鸟可以学说人语，如鹩哥、八哥、金刚鹦鹉、芙蓉鹦鹉等，通过坚持不懈地教学，这些鸟都可以说出“您好！”“再见！”“欢迎光临！”等礼貌用语和“恭喜发财！”的吉利语。

养鸟自有养鸟乐，养鸟人能够从养鸟中获得很多乐趣。养熟的鸟能通人性、和主人亲近、和主人交流。主人为它们添水喂食的时候，它们表现得十分欢乐，主人可以抚摸它们，它们也不躲避。有的八哥见了主人就喊“爸爸”“妈妈”，它们真是主人的开心果，主人听了心里不知有多么舒畅。有的鸟早晨从笼里放出，可以飞到主人的案头、肩上，和主人亲热。晚上不需赶，自己会飞到笼子里睡觉。善于学人讲话是鹩哥的一大专长，一般教上十天半个月，鹩哥就会讲礼貌用语：“你好”“请坐”“再见”，客人来了会说“恭喜发财”等吉利话。有个鹩哥见人就自我介绍，说“我是小鹩”，让人忍俊不禁。还有一对鹩哥能够对话，一个问：“几点了?”另一个回答：“八点。”可惜的是不论什么时候都说是“八点”，让人听了不禁开怀大笑。如果你家里养了这样的鸟，上了一天班的你回到家中，你一定能从鸟语中得到欢娱，从而放松自己，解除疲劳。如果你有兴趣养一对鹦鹉或者燕子，再在笼里放上鸟巢，不久雌鸟就能生蛋，孵出幼鸟。当你看到幼雏破壳而出的时候，你会为一个新生命的诞生而感到激动，同时也为自己的操持有了成果而自豪。

改革开放以后，随着人民物质生活水平的提高，对精神生活的需求也在提升，玩鸟也走进寻常百姓家，成为人民群众的一种休闲娱乐的生活方式。爱鸟、养鸟的人越来越多，过去以退休职工为多，现在饲养宠物之风甚盛，于是很多80后、90后也加入了养鸟的行列。养鸟的需求还催生了一条新的产业链，上游是人工繁殖鸟类的个体户，以山东、河北等地为多，下游是养鸟的衍生产品，如鸟笼、鸟的食罐等。鸟笼有大众化的，价格便宜，也有制作讲究的，价格就高了。苏州、南京等地手工制造的上乘鸟笼，制作相当精细，用料考究，做工精巧，有的还用浮雕、镂空雕等雕法，在鸟笼上刻出各色花纹，玲珑剔透，简直就是一件艺术品。还有鸟的食罐，大都用瓷器。江西景德镇烧制的高档的瓷罐造型别致、绘画传神、着色生动，令人爱玩不忍释手。有道是好马配好鞍，所以玩鸟人对鸟笼、鸟食罐的要求和配套也很讲究。当然，属于高档的价格就自然不菲了。总之，既有需求的多样化，就有产品的精细化，市场化的经营使各种需求的人都能得到满足。

养鸟与国家自然动物保护法并不相悖，通过广泛宣传，人们的生态环保意识增强了，假如有人把啄木鸟、猫头鹰、戴胜一类的国家自然保护动物带到鸟市兜售，一定会有人告诫他们不能做违法的事，这些鸟也就得以重返大自然了。在我国广袤的森林、平原、湖泊、湿地及各地的自然保护区，还活跃着一支鸟类保护、鸟类观察和鸟类研究的科研工作者队伍，他们常年工作在远离城市、交通不便、条件恶劣的环境中，为鸟类的繁衍生息，辛勤坚守在岗位上，他们是鸟类的保护神，我们向这些默默无闻而勤奋工作的人们表示感谢，他们的功劳将和鸟类的繁衍一齐为人们所铭记。

鸟文化作为民俗文化，是中华传统文化的重要组成部分，反映了中华民族乐观向上的生活态度，对美好事物的憧憬和向往，表现了中华民族健康的审美情趣和高雅的审美价值观。鸟崇拜就是对大自然的崇拜，反映了中华民族尊重大自然、热爱大自然、和大自然和谐相处的精神寄托，因而鸟文化又是一种生态文化。河姆渡文化遗址中出土的刻有双鸟朝阳的牙雕蝶形器，是我国最早的鸟崇拜图像，表明我国古代先民从太阳照射谷物生长、鸟类啄食谷物种子中得到启示，认为太阳神通过鸟把谷物种子带到了人间，赐给人类以食物，从而使人类得以繁衍子孙，生生不息，鸟给人类带来了幸福。人们应该感谢大自然的恩赐，回报大自然，而不能破坏大自然，所以人们崇尚鸟、热爱鸟、保护鸟，这也反映了生态保护意识在中华民族的文明史上是贯穿始终的。

养鸟是人们亲近大自然的一种生活方式，养鸟可以陶冶性情，从中获得审美需求。当今社会提倡弘扬人文精神，要珍爱生命，从而推及热爱一切生灵，养鸟、爱鸟正是体现了这种价值理念，所以它蕴含的是社会的正能量。养鸟、爱鸟在今天已经成为人们的一种自觉的行动，虽然他们不一定都能说出鸟文化的渊源，但是，由于历史的积淀和文化的陶冶，这种生态文化的意识已经深藏在人们的心中，融化在淳朴的民风里。它和中华文化“和”的哲学思想，“博爱”的人生价值观一样，已经融汇在我们的血液里，作为中华民族的美德，流传百代而不衰，这也是我们探讨鸟文化的价值所在。

（发表于 2015 年第 4 期《阜阳师范学院学报·社会科学版》）

文玩手串的文化内涵

也就是最近几年，人们忽然发现，一种叫文玩手串的物件开始在民间悄然升温，收藏者的队伍迅速扩张，收藏品种也越来越多。炒家看准了这个商机，把本来名不见经传的崖柏、南红、鹤顶红等材质炒得价格直线飙升，而种植、加工各种菩提子的海南等南方各地的种植园、农户也在抓紧时间扩大生产制作，以应市场之需。如今连红瓷也加入了手串的行列，由此催生了一些新的文化产业。原本加工红木家具的企业，正在因为家具市场疲软而伤感无助的时候，突然有了这样好的商机，于是把原来只是用边角料加工手串的生产机制改为大料改小，转产加工各种以名贵木材原料主的手串，企业从中找到了生机。文玩手串为何大行其道？这就要从其中蕴含的文化内涵中寻求答案了。

一、挥之不去的佛缘情结

手串又称佛珠，原是佛家弟子诵经时使用的法器，佛珠在佛教里又称念珠、数珠、诵珠、咒珠，这是因为僧侣在念经时要手持佛珠，每念一句，便拨过一珠。做法事时，还要一手持棒击磬，一手持珠诵经。佛珠除了计数之外，还有定神、静心、收敛意念的作用。手中不停地捻动佛珠，可以时时警示自己是佛门弟子，不要受外界和外物的干扰，使自己修行的功夫持之以恒。而这种精神传至民间后，也使百姓在把玩佛珠的同时，获得了精神上的寄托，从而丰富了自己的内心世界。

据考证，佛教大约是在东汉初年，由印度传入中国的。当时中原战乱不断，西域诸国势力渐强，在西域流传已久的佛教便沿着丝绸之路向中土渗透。在汉哀帝或汉明帝时，佛教开始传入中国，据《三国志·魏书东夷传》注引《魏略》载："昔汉哀帝元寿元年，博士弟子景卢受大月氏王使者伊存口授《浮屠经》曰复立者其人也。"由此可见，大月氏是佛教传入中国的最初的媒介。大月氏曾东接我国河西地区，西入印度，其独特的地理位置自然承载了这一历史使命。至东晋初年，由于佛教已经在中原盛行，于是便有了中国高僧西行求法，甚至出现为争夺高僧而发生战争的事，可见当时中原人求佛心切。

佛教把佛珠作为诵经时的法器，始于公元二世纪。建于十六国时期的莫高窟中有一尊现存的菩萨塑像，其颈部所挂佩珠清晰可见，栩栩如生，说明佛珠在我国佛教界流行的历史已经很久远了。东晋时期的《木槵子经》中，首次提到了佛珠的法力。经书上说："常持数珠，无论行住坐卧，只要一心念佛法僧名，满二十万遍升天，满一百万遍超生死。"所以，后世佛家子弟珠不离身，这是有其佛学法理的依据的。南北朝是佛教在我国传播的鼎盛时期，所谓“南朝四百八十寺，多少楼台烟雨中”描绘的就是当时的景象，那时僧侣佩戴佛珠已十分普遍，并开始向民间渗透、濡化。唐代朝野笃信佛教，据高僧释道宣所撰《续高僧传·道绰传》中记：“人各掐珠，口同佛号。”生动描绘了当时掐珠念佛的情景。另外从当时流传下来的绘画作品《佛缘图鉴》中也可以看出，有一幅高僧空海祖师的坐像，就是一手持佛珠，一手持降魔杵的形象，现今仍存留在云南昆明筇竹寺。始建于唐代贞观二十年的五百罗汉造像中，就有几尊手持佛珠或颈挂佛珠的罗汉形象。

高僧们既然如此，在家修行的居士必然也要效法，于是佛珠便走出庙刹，来到寻常百姓家。而在居士们的影响下，佛珠自然也很快地在大众之中普及。

除了佛教对社会的持久影响外，佛法所主张的慈悲仁爱、宽容感恩、救残扶弱、多行善举的理念也在中国人的内心深深地扎下了根，成了中华优秀传统文化的一部分。所以，绝大多数中国人心中或多或少都有挥之不去的佛缘情结，这就是从过去的佛珠到现在的文玩手串得以广泛流行的思想基础。

禅的精神是通过观察自我而了解自我，了解自我实际上是一系列对自我偏执的否定，到了没有什么可以舍弃的时候，便是承当肯定的时节。捻珠而静坐自思，就是追求人们内在与外在的平衡，以达到无欲无我的境界。所以，佩珠、数珠，除了佛界的法理，其实就是净化心灵、追求无妄的过程。这对于提高人的精神境界，达到人自身与社会和谐的最高境界，有着潜移默化的作用。

佛教中凡事都讲一个缘字，识珠、选珠、配珠、串珠、佩珠的过程，就是一个和珠结缘的过程。在这个过程里，珠已经不是单纯的珠，而是一种内心追求的象征，真善美的象征。佛家认为，觉悟是每个追求人性真善美所能企及的过程，也是修行的最高境界。杨绛先生说过："我们曾如此渴望命运的波澜，到最后才发现：人生最曼妙的风景，竟是内心的淡定与从容……我们曾如此期盼外界的认可，到最后才知道：世界是自己的，与他人毫无关系。"这种大彻大悟，只有你在把玩手串的沉思中，才有可能领会出其中的真谛。

佛教为了争取更多信众，并不主张信佛的人都要到寺中当和尚，也不主张信众一切都以佛教的法规戒律行事，所谓"菩提只向心觅，何劳向外求玄"。这就催生了佛教的世俗化和平民化，而佛珠转化为文玩手串也正是这种世俗化、平民化的象征，说明中国人的佛缘将永远是挥之不去、割舍不断的。

二、文人雅士的遗风流传

中国的文人，是依儒家学说作为自己的立身之本的。而儒家和佛家，却有很多相通之处。例如儒家讲究修身齐家治国平天下，所谓"达则兼济天下，穷则独善其身"，是以人的品格魅力去实现儒家的价值观。而在佛教中，释迦牟尼佛则以人间太子的身份去追求解脱的境界，并且强调自悟自修、自成佛道。由此可见，儒、佛都强调以人为本，而且从人的本位去思考问题，都属于内省型的文化。所以，中国古代文人大都与佛有缘，其中不少人还是佛家虔诚的弟子，并自诩为"居士"。正如习总书记 2014 年 3 月 27 日在巴黎联合国教科文组织总部发表演讲时所指出的那样："佛产生于古代印度，但传入中国后，经过长期演化，佛教同中国儒家文化和道家文化融合发展，最终形成了具有中国特色的佛教文化，给中国人的宗教信仰、哲学观念、文学艺术、礼仪习俗等留下了深刻影响。""中国人根据中华文化发展了佛教思想，形成了独特的佛教理论，而且使佛教从中国传播到了日本、韩国、东南亚等地。”

唐代是诗的时代，中国的诗歌发展到唐代便登上了一个巅峰，这也是中国古代文人思想情怀得以任意挥洒的年代，堪称古代文人文采风骚之典范。唐代又是我国佛教禅宗得以发扬光大的历史时期，出现了第一部也是唯一一部由中国人自己写的佛经——《六祖坛经》。此后，由始祖达摩创立，三祖僧璨继承，六祖慧能推广的禅宗就成了中国佛教的主流，并影响到日本。

唐代很多诗人，都和佛家有缘，很多诗作，都以佛为主题，或写佛事，或写庙宇，或写僧人，甚至以参禅入诗。号称“诗佛”的王维，一生中留下了大量与禅师探讨佛理的诗作。在《蓝田山石门精舍》中，王维笔下的“朝梵林未曙，夜禅山更寂”，清风、明月、山花、石壁、老僧，一切都是那样空灵和静寂，心境澄明、冲澹恬静，达到无我的境界。“诗圣”杜甫也留下了《寄赞上人》《别赞上人》《大云寺赞公房四首》等诗作，说明他与佛家弟子交往非同一般。就连受道家思想影响极深的“诗仙”李白，与僧侣唱和的诗篇也不在少数，其中不乏参禅的诗作。

唐代诗人们的诗作中，很多与佛家有关的诗句都已成为脍炙人口的传世之作，百代而不衰，这不仅是因为这些诗句在诗歌创作上大放异彩，也是因为它们表达的深邃的意境能够给后人以美的享受和刻骨铭心的影响。在唐诗中，佳句俯拾皆是，如杜牧的“清时有味是无能，闲爱孤云静爱僧”，贾岛的“鸟宿池边树，僧敲月下门”，刘眘虚的“深路入古寺，乱花随暮春”，常建的“曲径通幽处，禅房花木深”，白居易的“人间四月芳菲尽，山寺桃花始盛开”，等等。最为难得的是晚唐诗人陆龟蒙，他的诗作《寂上人院》中“暗数菩提子，闲看薜荔花”有力地印证了在唐代，佩戴以菩提子制作的佛珠，在当时就已经十分流行。而白居易的《吹笙内人出家》诗中有“新戒珠从衣里得，初心莲向火中生。道场夜半香花冷，犹在灯前礼佛名”的诗句，则生动地描写了一位端坐供案前，潜心佛事的僧侣形象。诗中“新戒珠从衣里得”一句，则描述了赠珠、授珠的佛事活动，使我们了解到了在唐代，佩珠、赠珠、授珠已经成为佛事活动的主要内容。到了宋代，佛珠则更为流行，苏轼诗句“捧经持珠，杖则倚肩，植杖而起，经珠乃闲”中就生动形象地描绘了一位持珠高僧的形象：一手捧经，一手持珠，而把禅杖靠在肩上。只有在扶着杖站起来的时候，手中的经和珠方才放下。

文人雅士作为文化主流，肯定会对平民文化产生引领和表率作用。历代文人雅士敬佛、爱珠，平民大众自然随之效仿。加上中国传统的儒家、佛家和道家思想都以“和”为核心，这种价值观便给每个中国人的思想都打上了深深的烙印。“以出世的心态做入世的事业”，讲究“仁义”二字，便成了中国人为人处世的标准。而文玩手串正好反映了这种思想意识，成了人们的精神寄托，并成为以“和”为核心的文化象征符号，最终成为人们追求和把玩的物化了的精神产品。原先佛家体现在佛珠上的一些理念被逐渐淡化，而其中蕴含的中华民族文化的哲理却更加清晰，更加突出，更加为人们所器重。这就使文玩手串在原先佛珠的基础上，有了更新的寓意，也具有更多的时代内涵。这是佛珠在新时代的价值的提升，从而为更多的生活在新时代的人们所接受。

从佛教的法理到古代文人雅士的志趣，再到今天富有时代感的新的更高层次的含义，佛珠到文玩手串，完成了一个新的嬗变，使原来只是佛教法器的佛珠变成了今天流行于百姓中的民俗收藏的佳品，也使中华优秀传统文化通过这一载体，得以传承、留存和弘扬。这个现象也使我们更加坚信：凡是美好的事物，总是可以代代相传，与世长存的。

三、祥和安逸的生活方式

随着国民经济的发展和人民收入的不断提高，人民群众的生活方式也从过去只求吃饱穿暖的温饱型变成现在的享受型，开始追求高质量的生活。人们有了闲钱，自然把目光转向投资和收藏，而文玩手串满足了人们对物质生活和精神文化生活更高档次的需求，逐步走进千家万户。除去作为文物的佛珠老件有可能价值几十万元乃至上百万元之外，现今文玩手串的价格不过几百元到几万元不等，可以满足不同收入群体的需要，于是就形成了一股前所未有的文玩手串热。

按用途的不同，佛珠可以分为持珠、戴珠、挂珠三大类，而现代人把佛珠变成了装饰品，淡化了其中的佛教内涵，统称为文玩手串。文玩手串的材质极为丰富，大致可分为十几类：其中玉石类包括和田籽料、碧玺、翡翠、玛瑙、水晶、玉髓、巴林石、鸡血石、青田石、寿山石、石榴石、萤石、黑曜石、虎眼石、木变石、红纹石、绿松石、金沙石、朱砂、青金石、月光石、海蓝宝、孔雀石、芙蓉石、东陵玉、南阳玉、岫玉等；化石类包括琥珀、珊瑚等；生物类包括砗磲、玳瑁、巨蛤、象牙、犀牛角、鹿骨、驼骨、野猪牙、鹤顶红、熊爪、珍珠等；木质类包括乌木、沉香、小叶紫檀、黑檀、绿檀、崖柏、金丝楠木、红木、香樟、鸡翅木、黄杨、阴沉木、桃木、瘿木等；果核类包括各类菩提子、核桃、葫芦、缅茄等。另外，还有金属、陶瓷、琉璃、景泰蓝、漆器、各类手工镶嵌、天珠等类别。

所谓的菩提子就是菩提树所结的果实，而佛家对菩提树的解释就是“诸佛在树下成道之树”。由于每尊佛陀的菩提树各不相同，而成佛的道场据说又十分广阔，所以被称为菩提树的植物名目繁多，可达百余种，所结的果实统称为菩提子。佛家还有这样的说法，植物和人一样，皆有灵性，只要果实达到一定硬度、终年不腐、可以制作佛珠的，皆可称为菩提子。不过作为菩提子，一定要是天然的果实或种子，一定要有特殊的形状和纹理，具有唯一性，也就是说没有两个果实是一样的，而且可以通过打磨、抛光、雕刻等工艺，进行深加工，比较常见的有金刚菩提、星月菩提、凤眼菩提、鬼脸菩提、腰果菩提、白玉菩提等。

值得一提的还有“天珠”，又称“天眼珠”，产于喜马拉雅山脉，是一种稀有宝石，具有强烈的磁场能量。藏族同胞把天珠视为天神的吉祥物，是礼佛的圣品，据说具有趋吉避凶的作用，所以广泛用于藏传佛教的法事活动中。藏人制作天珠，先用玛瑙或玉髓打磨成桶形，然后用秘制的藏药和特殊的自然涂料，在上面描绘出各种图案，如眼睛、如意、菩提、宝瓶、贵人、星月、水纹等，然后用高温烧制，图案便藏于珠内，永不褪色。如需多重色彩，则再加绘制，然后经过二次烧制即可。一般天珠应串在项链中，或作为手串的吊坠，佩于胸前。如果穿着印巴风味的服饰，再佩戴天珠，和与之匹配的藏银镶嵌的蜜蜡、宝石为主的手串搭配，那就更显得时尚和别具一番风情了。

总之，制作佛珠的材料，从古至今，均无定限，所以越到后世，就越来越多。随着时代的发展，可以预见，将会有新的材质出现，因为佛家主张念佛存于一心，佛珠仅是外物，佛法无边，不系于物，只要能助法者，均可包容。

文玩手串的用途十分广泛，除了戴在手腕上以随时加持盘捻外，也可以制成项链佩戴颈上，以示不离不弃，还可以用单颗佛珠做成配饰，挂于腰间。而比较大的配饰，可以视为手把件，握在手中把玩。讲究风水的可以把手串挂在家中的风水吉位处，起到镇宅、辟邪的作用。时尚人士也可以将小的手串挂在手包或手机上，起到装饰的效果。手串还可以放在车内作为车饰，比如挂在变速挡上，除了美化车厢，还可以起到祈求平安的作用。

佛珠主要由母珠（俗称三通）、佛塔（又称佛头）、子珠、节珠（或称隔珠）、记捻（或称计数器）、络绳、配饰、弟子珠、记子留、流苏（或称拂尘）等几部分组成。今天，佛珠作为文玩手串进入民俗收藏行列后，便由玩家任意组合，逐步失去了原有的宗教含义，而更多地为追求装饰性和时尚性所取代。

每串佛珠的颗数，按照佛家法理，都有一定的规制，不是随便串就的，而且这些颗数都有佛经作为出处，但是众说纷纭，不一而足。当然所有的数字都是有佛教典故的，比如 13 颗代表菩萨的 13 力；108 颗代表人的 108 种烦恼；54 颗代表菩萨修行的 54 阶位。现代文玩手串则因佛珠的宗教含义较为复杂，非佛家弟子根本解释不清，所以在颗数上不大深究佛法道理，而是按照人的需要串制。比如佩戴在手腕上的就按手腕的粗细而定，这样做反而更有利于其在民间的普及和传播。

由于文玩手串的材质丰富，门类繁多，串、戴的方式十分讲究，所以从对其感兴趣到入门，再到成为一个玩家甚至行家，需要一个过程。而在这个过程里，人们不仅长了知识，感受到佛家的人生哲理，而且增强了审美情趣，提高了审美修养。在这个过程里，人们品味人生，感悟人生，虽不能说能做到大彻大悟，却也在提高思想境界、加强个人修养方面得到升华。文玩手串，能带给人们吉祥和快乐，因为串珠，可以串起美好善良的心灵；佩珠，能够寄托祈福平安的心愿；数珠，使你沉浸恬淡祥和的心境；把玩，找到珍惜、收藏过程中的愉悦；赠送，借以表达纯洁友爱的意愿；爱珠，从中接受矢志不移的感情。通过文玩手串，人们达到了共享和谐生活、共建和谐家园、共创和谐社会的崇高境界。

习近平总书记于 2014 年 3 月 27 日在巴黎联合国教科文组织总部发

表演讲时，曾谈到与佛珠类似的一些物品，他说："1987 年，在中国陕西的法门寺地宫中出土了 20 件美轮美奂的琉璃器，这是唐代传入中国的东罗马和伊斯兰的琉璃器。我在欣赏这些域外文物时，一直在思考一个问题，就是对待不同文明，不能只满足于欣赏它们产生的精美物件，更应该去领略其中包含的人文精神；不能只满足于领略它们对以往人们生活的艺术表现，更应该让其中蕴藏的精神鲜活起来。"习总书记的这段讲话，对我们领悟佛珠也就是文玩手串的文化内涵，具有十分深刻的指导意义。

（发表于 2015 年第 11 期《韶关学院学报》）

参考文献

[1] 田学斌．文化的力量［M］．北京：新华出版社，2015.

[2] 任致远．解读城市文化［M］．北京：中国电力出版社，2015.

[3] 丁学江．罗素与中国文化［M］．北京：北京大学出版社，2015.

[4]［英］马林诺夫斯基．文化论［M］．费孝通，等译．北京：中国民间文艺出版社，1987.

[5] 曾仕强．中华文化的特质［M］．西安：陕西师范大学出版总社有限公司，2011.

[6] 卞敏．中华民族精神研究［M］．北京：光明日报出版社，2008.

[7] [英] 雷蒙德·弗思苔．人文类型 [M]．北京：商务印书馆，2010.

[8] [法] 安娜-玛丽·拉法兰，让-皮埃尔·拉法兰．中国的启示 [M]．阚四进，范瑜瑜译．北京：世界知识出版社，2011.

[9] 毛泽东．毛泽东选集（第二卷） [M]．北京：人民出版社，1991.

[10] 曾仕强．中华文化的特质 [M]．西安：陕西师范大学出版总社有限公司，2011.

[11] 钱理群，戴明贤，封孝伦．贵州读本 [M]．贵阳：贵州教育出版社，2003.

[12] 李培林．生活和文本中的社会学 [M]．上海：三联书店，2013.

[13] 王治心．中国宗教思想大纲 [M]．上海：三联书店，1988.

[14] 张有智，张焕君．文明的历程 [M]．北京：北京师范大学出版社，2012.

[15] 俞祖华，赵慧峰．现代文明的追寻 [M]．济南：山东大学出版社，2012.

[16] 钱穆．中国文化导论 [M]．北京：商务印书馆，1984.

[17] 徐复观．中国人的生命精神 [M]．上海：华东师范大学出版社，2004.

[18] 陈序经．中国文化的出路 [M]．北京：中国人民大学出版社，2010.

[19] 陈基余等．安徽大辞典 [M]．上海：上海辞书出版社，1992.

[20] [美] 克拉克·威斯勒．人与文化 [M]．北京：商务印书

馆，2004.

[21] 余秋雨．艺术创造学［M］．武汉：长江文艺出版社，2013.

[22] 蒋勋．美的沉思［M］．长沙：湖南美术出版社，2014.

[23]［美］理查德·保罗，琳达·埃尔德．批判性思维工具[M]．北京：机械工业出版社，2013.

[24]［英］比尔·卢卡斯．聪明人是如何思考的［M］．北京：时代华文书局，2015.

[25] 罗振宇．成大事者不纠结［M］．北京：联合出版公司，2015.

[26]［美］文森特·赖安·拉吉罗．思考的艺术［M］．北京：机械工业版社，2013.

[27] 龙柒．世界上最伟大的50种思维方法［M］．北京：金城出版社，2011.

[28] 刘会进．见证洪门三百三十年［M］．台北：黎明文化事业股份有限公司，2005.

[29] 孙中山．孙中山选集［M］．北京：人民出版社，1957.

[30] 周育民，邵雍．中国帮会史［M］．上海：上海人民出版社，1993.

[31] 蔡少卿．中国近代会党史［M］．北京：中华书局，1987.

[32] 萧一山．近代秘密社会史料［M］．长沙：岳麓书社，1986.

[33] 秦宝琦．洪门真史［M］．福州：福建人民出版社，2000.

[34] 刘联珂．中国帮会史［M］．北京：团结出版社，2004.

[35] 杨光．革命传统薪火相传　致力为公继往开来［J］．中国致公，2011（5）．

[36] 王焰安，戴剑平．民间文化新论［M］．合肥：黄山书

社，1993.

[37] 王笛．街头文化［M］．北京：中国人民大学出版社，2006.

[38] 胡友鸣，马欣来．台湾文化［M］．沈阳：辽宁教育出版社，1998.

[39] 安平镇文史工作室．妈祖信仰与神迹［M］．台南：世峰出版社，2001.

[40] 陶立璠．民俗学概论［M］．北京：中央民族学院出版社，1987.

[41] 陈其南．台湾的中国传统社会［M］．台北：允晨文化实业公司，1987.

[42] 财团法人北港朝天宫董事会，台湾省文献委员会．妈祖信仰国际学术研讨会论文集［C］．台中：财团法人北港朝天宫董事会　台湾省文献委员会，1998.

[43] 方积根，胡文英．海外华文报刊的历史与现状［M］．北京：新华出版社，1989.

[44] 杨力．海外华文报业研究［M］．北京：燕山出版社，1990.

[45] 王士谷．华侨华人百科全书：新闻出版卷［M］．北京：中国华侨出版社，1999.

[46] 成曼丽．海外华文传媒研究［M］．北京：新华出版社，2001.

[47] 彭传步．海外华文传媒概论［M］．广州：暨南大学出版社，2007.

[48]［美］李大玖．海外华文网络媒体——跨文化语境［M］．北京：清华大学出版社，2009.

[49] 游国恩，王起，萧涤非，季镇淮，费镇刚．中国文学史

[M].北京：人民文学出版社，1963.

[50] 刘盼遂，郭预衡．中国历代散文选 [M].北京：北京出版社，1980.

[51] 高亚彪，吴丹毛．在民族灵魂的深处 [M].重庆：西南师范大学出版社，2007.

[52] 陶文鹏，韦凤娟．灵境诗心——中国古代山水诗史 [M].南京：凤凰出版社，2004.

[53] 王伯敏．山水画纵横谈 [M].济南：山东美术出版社，2013.

[54] 周蔚，徐克谦．人类文化启示录 [M].上海：学林出版社，1999.

[55] 乐黛云．跨文化之桥 [M].北京：北京大学出版社，2002.

[56] 宋伯胤．中国盆景 [M].昆明：云南美术出版社，2014.

[57] 编委会．中国盆景艺术鉴赏集 [M].上海：上海古籍出版社，2014.

[58] 庄文其．树石情缘 [M].南昌：江西科技出版社，2006.

[59] 陈从周．说园 [M].上海：同济大学出版社，1985.

[60] 陈从周．书带集 [M].广州：花城出版社，1982.

[61] 陈从周．春苔集 [M].广州：花城出版社，1985.

[62] 季羡林．禅与文化 [M].北京：中国言实出版社，2006.

[63] 冯纪伟，冯小舟．佛珠 [M].香港：中国现代美术出版社，2011.

[64] 慧广法师．佛法知见 [M].广州：花城出版社，2015.

[65] 梁启超．梁启超说佛 [M].北京：九州出版社，2006.

[66] 何悦，张晨光．手串把玩与鉴赏 [M].北京：北京美术摄影

出版社，2012.

[67] 何悦，张晨光．手串把玩艺术［M］．北京：现代出版社，2013.

[68] 王鸿．文化大观园［M］．南京：江苏人民出版社，1991.

后 记

从20世纪80年代开始，我就在高校为大学生讲授社会学，随着教学经验的积累和科研活动的增加，对社会学中文化这一范畴的认识也逐渐明晰，并且有了很多新的见解。近几年，我的研究方向逐渐转向文化，也许是日积月累的缘故吧，多年来在文化方面的积淀如清泉一般，汩汩而出，写成文字，居然也有了十几篇，精选以后，便有了这个集子。因为自己觉得这些文章的论证角度和观点都有别于前人，有几篇还被评为"创新理论成果"，于是把这个集子称为《文化新论》。

我平时喜欢看书，尤其是专业书，甚至把读书作为生活的乐趣，但我有个写作习惯，就是写文章时决不看书。写作之前，可能会找一些相关文献读一读，希望从中得到一些启发，但一旦下笔，就自顾自地写下去，把别人的东西推得远远的。因为我认为，一篇有价值的文章就应该有自己的观点、自己的语言，如果一篇文章到处都是引用别人的话，那还有什么意思呢？所以，有的编辑要求我一定要在文章中标出具体的参考文献，我就犯难了，因为我的所谓参考文献，并非寻章摘句，而是参考其大意而已。

我写文章的速度比较快，但构思的时间比较长，有的论题左思右想，会孕育很长时间。我的腹稿考虑得比较细，甚至细到用词用字，一定要考虑周全了才会动笔，但是一下笔便一发而不能收。我喜欢夜间写作，环境幽静，没有干扰，有利于思考。往往是子夜开始着笔，黎明完稿。虽然别人都已经用电脑了，但我还是喜欢用稿纸写，这可能是多年的习惯使然。

我写理论文章追求通俗易懂，注重可读性和大众化，这可能与我长期从事教学，课堂上追求语言的阐释性有关。我最反对的是板起一副学究面孔，故弄玄虚，而显示其水平高深。“一堆萝卜”，我决不会说它是“萝卜的集合体”，相反，我认为，能把深奥的道理说得浅显明白，才是一种真功夫，所谓“百炼钢化为绕指柔”。所以，我的文章，即便是学术性的，我也尽量明白如话，当然，这绝不会以降低其学术性为代价。这样做也许会使某些专家学者感到齿冷，但我始终不悔。

我从来不把写作当成负担，相反，我认为这是一种乐趣，一篇文章从思考到动笔到发表，是一个幸福的过程，看到自己的文章成为印刷品，乐在其中。写作的过程，其实是一个自我约束、自我控制、自我突破、自我超越的过程。在这个过程里，我既是和自己的心灵在对话，也是和想象中的学生在对话、和虚拟的读者在对话。通过一次次这样的过程，自己的素养就会得到逐步完善，认识事物的能力也会有更大的提升，专业水平自然也就能得到提高。

做学问的确不是一件容易的事情，但也不要视为畏途，做不了大学问可以先做些小学问，就像本书这样的专题研究。其实大学问也往往是从小学问开始的，小学问也有小学问的价值。想把小学问做精也不容易，关键要有持之以恒的精神。我的体会是：一要注重积累，只言片语，皆可收纳；杂记稗史，亦不嫌弃；二要勤于思考，偶有所得，便抓住不放，一追到底；三要选好论题，论题是文章的灵魂，决定文章的高下；四要找准切口，切口就是文章的着力点，论述的方向，方向准了，文章也就顺理成章；五要有新意，别人说过的话不说，一定要有自己的观点、自己的材料、自己的论证方式、自己使用的语汇，这样做文章才能有自己的特色。

当然，要想把学问做好，也不是一件容易的事，它本身就是一项艰苦的心智劳动，想做好，就要有攻坚克难的决心，贵在坚持。写作时我常常遇到不尽如人意的地方，有时可能一开头就卡了壳，千言万语一时不知从何说起；续笔的时候也可能会出现写不下去的情况，有时千方百计，竟找不到一个合适的词语；有时苦苦思索，发现想得并不完美，在自我否定中艰难徘徊；有时为了一个用典，竟翻遍了一堆旧书；有时为了考据一个出处，费时多日还不得其所。但是当这一切问题都在坚持不懈的努力下得以解决后，一股幸福的感觉便油然而生，你会如释重负，你会梦想成真，你的观点得以阐释，你的见解得以展示，你对学生和读者有了交代，你的能量得以释放，你的思想境界得以升华，这时你也会明白，做学问也是一种享受。

本书在文化专题研究方面做了一些探索，实为一得之见、管中窥豹，谬误在所难免，欢迎批评指正。文化有广义和狭义之分，内涵极其丰富，涉及的领域十分宽广，只要你关注它，你就会发现，值得研究的地方可谓俯拾即是，只要你愿意深究下去，一定会有所收获。所以，我愿意以更大的热情，在这个领域继续努力。

在本书即将出版之时，首先要向书中所列参考文献的前辈们表示崇高的敬意，你们的思想成果给了我很大的启发和教益。特别要感谢我的工作单位阜阳师范学院的领导、文学院的领导，特别是科研处的领导，感谢他们对本书给予高度评价，并通过专家评审，把本书列为“阜阳师范学院学术著作出版专项经费资助”项目，使本书得以顺利出版。其次要感谢本书所载论文发表的有关学术刊物，是它们为我的文章提供了展示的平台。感谢为我的文章颁奖的各有关单位，他们对我的肯定和奖励将成为激励我继续前进的动力。感谢我的夫人李萍女士，她在工作之余为我打字、改稿，付出了辛劳。最后还要感谢合肥工业大学出版社的领导，特别是责任编辑疏利民先生，他为本书的付梓付出了辛勤的劳动。我们已经是第二次合作了，每次合作都十分愉快。

本书选文，均为作者近年来在学术刊物上发表的，或者是由权威机关颁奖的，其中几篇为中共安徽省委统战部近几年统战理论研究课题。在收入本书时，对有些文章做了适当调整，并把所有的参考文献集中于全书的最后，以利阅读，特作说明。

杨　光

2016 年 4 月于阜阳师范学院卧牛岭